QUER VERLAG

Gewalt gegen Lesben

Constance Ohms

Dieses Buch wurde durch die Unterstützung der Hannchen Mehrzweck Stiftung/Homosexuelle Selbsthilfe e.V. Löwengasse 27, 60385 Frankfurt/M ermöglicht.

Erste Auflage März 2000

Umschlag und grafische Realisierung von Sergio Vitale unter Verwendung einer Fotografie von Christiane Wilms
Gesamtherstellung: Druckhaus Köthen
ISBN 3-89656-049-2
Printed in Germany

Bitte fordern Sie unser Gesamtverzeichnis an:
Querverlag GmbH, Akazienstraße 25, D-10823 Berlin
http://www.querverlag.de

Inhalt

Gewalt ist kein Phänomen, sondern bewußtes Handeln von Menschen. Nicht die Gewalt nimmt zu, sondern die Zahl der Menschen, die anderen Gewalt antun, ihre Bereitschaft, Gewalt anzuwenden. Gewalt wird nicht erst zur Gewalt, wenn die andere sich dagegen wehrt, und sie hört nicht auf, Gewalt zu sein, wenn die andere sich nicht wehrt oder gar einwilligt.

Susanne Kappeler

KAPITEL 1

Die Politik der Gewalt

Die Nichtwahrnehmung von Lesben im Gewaltdiskurs

Die neunziger Jahre des in christlich säkularisierten Ländern ausgehenden Jahrtausends sind international von starken Bewegungen geprägt, die spezifisch zu Gewalt gegen Frauen oder Gewalt gegen Homosexuelle arbeiten. Auch staatliche Organisationen können sich nicht länger der Tatsache entziehen, daß die Gewalt gegen Frauen weltweit zugenommen hat. Aus diesem Grund haben die Vereinten Nationen den 25. November zum „Internationalen Tag für die Beseitigung jeder Form von Gewalt gegen Frauen“ erklärt. Bereits 1981 wurde bei einem Treffen von Feministinnen aus Lateinamerika und der Karibik in Bogotà der 25. November zum „Internationalen Tag gegen Gewalt an Frauen“ ausgerufen, um an den gewaltsamen Tod dreier Frauen in der Dominikanischen Republik im Jahre 1960 zu erinnern. Sie wurden damals aufgrund ihrer politischen Aktivitäten vom militärischen Geheimdienst gefoltert, vergewaltigt und ermordet. Die kanadische Frauenorganisation „Fédération des Femmes de Québec“ initiiert den weltweiten Marsch der Frauen im Jahr 2000, um gemeinsam gegen Gewalt gegen und Armut von Frauen zu demonstrieren. Auch die Europäische Union kann sich dem Phänomen der zunehmenden Gewalt gegen Frauen nicht länger verschließen: Die „Daphne Initiative" fördert Maßnahmen, die der Prävention und dem Abbau der Gewalt gegen Frauen dienen. In Deutschland wiederum ist von der Bundesregierung ein „Nationaler Aktionsplan zu Gewalt gegen Frauen" initiiert worden, der im Jahr 2000 in Kraft tritt und zum Ziel hat, vor allem Rechtsgrundlagen zu schaffen bzw. vorhandene zu verbessern, um der Gewalt gegen Frauen entgegenzuwirken.

Jedoch fällt ein besonderer Aspekt in der Diskussion um Gewalt gegen Frauen weitgehend heraus: Gewalt gegen Lesben. Ein Beispiel: Bereits auf der Frauenkonferenz in Bejing 1995 konnten sich die weltweit vertretenen Nicht-Regierungsorganisationen (NROs) nicht darauf einigen, das Thema Lesben in der Abschlußresolution aufzugreifen und der besonderen Problematik von Lesben Raum zu geben. Auch in dem Aufruf zum Marsch 2000 wird keine explizite Stellung zu Lesben bezogen. Mit viel Phantasie kann unter der Forderung „Recht auf ein selbstbestimmtes Leben" auch die Forderung nach Anerkennung der lesbischen Lebensweise verstanden werden. Es fehlt jedoch nach wie vor eine explizite Stellungnahme.

International agierende Nicht-Regierungsorganisationen wie zum Beispiel amnesty international, die Gewalt gegen Homosexuelle thematisieren, richten ihren Fokus eher auf die staatliche und gesellschaftliche Verfolgung männlicher Homosexueller als auf weibliche Homosexuelle. So handelt das 1997 veröffentlichte Buch *Breaking the Silence* primär von männlichen Homosexuellen und Transvestiten. Die Verfolgung von Lesben kommt nur am Rande vor. Allerdings wurde die 1999 in Deutschland erschienene Fassung überarbeitet und dieses Manko aufgehoben. Eine mögliche Ursache für dieses Ungleichgewicht kann in der vermeintlich greifbareren Verfolgung von männlichen Homosexuellen anhand von gesetzlichen Regelungen liegen. Weibliche Homosexualität wird nur in sehr wenigen Ländern strafrechtlich verfolgt, was allerdings nicht bedeutet, daß sie nicht kriminalisiert wird. Das heißt, daß die lesbische Lebensweise zwar nicht explizit benannt wird, aber Lesben dennoch aufgrund von beispielsweise „Erregung öffentlichen Ärgernisses" oder „Verstoß gegen das allgemeine Moralverständnis" verfolgt werden können. Diese Vorgehensweise reflektiert die ausgeübte Form der Diskriminierung von Lesben: ihre Nichtwahrnehmung.

Im Rahmen der europäischen „Daphne Initiative" wurden 1997 43 Projekte gefördert, die zu Gewalt gegen Frauen arbeiten. Ein Projekt davon betrifft Gewalt gegen homosexuelle Jugendliche (Italien). Im Jahr 1998 wurden 49 Projekte finanziell unterstützt, doch nur eines betrifft Gewalt gegen Lesben und Schwule (Italien). Auch 1999 wurde nur ein neues Projekt im Rahmen der „Dahpne Initiative" zu Gewalt gegen Lesben (Deutschland) gefördert. Dieser marginale Anteil verdeutlicht, daß Gewalt gegen Lesben als ein möglicher Aspekt der Gewalt gegen Frauen stark unterrepräsentiert ist.

Die Nichtwahrnehmung von Lesben führt dazu, daß unter Homosexualität primär männliche Homosexualität verstanden und die Diskussion um homosexuellenfeindliche Gewalt auf Gewalt gegen Schwule reduziert wird. Lesben werden entweder unter der Kategorie Frau oder unter der Kategorie Homosexuelle subsumiert. So ist die politische und soziale Realität von Lesben von einem Spagat geprägt, den sie zwischen dem frauenspezifischen und dem homosexuellenspezifischen Aspekt vollbringen müssen. In ihrer sozialen und politischen Lebensrealität haben Lesben weder in der Frauenbewegung, in der Queer-Bewegung noch in der lesbisch-schwulen Bewegung ein angemessenes Zuhause gefunden. Mögliche Gemeinsamkeiten oder Unterschiede zu einerseits homosexuellen Männern und andererseits heterosexuellen Frauen werden selten beleuchtet. Die Nichtwahrnehmung führt zu einer geringen öffentlichen Relevanz des Themas „Gewalt gegen Lesben".

Obgleich schwulenfeindliche Gewalt oder Gewalt gegen Migrantinnen und Migranten nicht explizit in der deutschen Kriminalstatistik ausgewiesen wird, ist hier die Motivation der Täter in das Bewußtsein der Öffentlichkeit gerückt und spiegelt sich in den Verurteilungen der Täter wider. Der Grund, warum das Tatmotiv nicht aufgeführt wird, liegt an dem hiesigen Rechtssystem, das tat- und nicht tatmotivorientiert ist. Folglich gehört es nicht in den Aufgabenbereich der Polizei, die Motivation des/der TäterIn oder TäterInnen aufzudecken, sondern das

Delikt selbst, zum Beispiel eine Körperverletzung, Beleidigung oder Vergewaltigung aufzunehmen. Durch die Motivation des Täters läßt sich jedoch feststellen, ob die Opfer willkürlich gewählt wurden oder zu einer bestimmten Zielgruppe, zum Beispiel Frauen, MigrantInnen oder Homosexuellen, gehören. Da die gegenwärtige Rechtslage einen tatmotivorientierten Ansatz nicht zuläßt, wird die Anerkennung von Lesben als Zielgruppe lesbenfeindlicher Gewalt erschwert. Sogar frauenfeindliche Gewalt wird nach wie vor nicht unter dieser Kategorie subsumiert, sondern läuft unter „Straftaten gegen die sexuelle Selbstbestimmung". Dabei scheint irrelevant zu sein, daß davon fast nur Frauen und Mädchen betroffen sind. Diese Tatsache stellt eher eine Nebenerkenntnis dar, der sich schließlich auch die Polizei nicht länger verschließen konnte. Erst wenn eine bestimmte Opferkategorie in einem erdrückenden Maß von Gewalt betroffen ist, wird eventuell ein Zusammenhang zwischen der verübten Gewalt und dem Lebensentwurf, dem Geschlecht oder der Herkunft hergestellt.

Die angezeigten Fälle lesbenfeindlich motivierter Gewalttaten beschränken sich derzeit auf einige wenige. So verzeichnete die Frankfurter Polizei in den letzten zehn Jahren nur drei Fälle von Gewalt gegen Lesben, wobei ein Fall innerhalb der Beziehung stattfand, ein anderer gezielt gegen eine Lesbe gerichtet war und der letzte schließlich in die Kategorie „frauenfeindliche Gewalt" gehörte, jedoch eine Lesbe betraf.[1] In Wiesbaden wurde nur ein Fall lesbenfeindlicher Gewalt bekannt.[2] Aufgrund des dargestellten Sachverhalts kann von einer hohen Dunkelziffer ausgegangen werden, denn weder die Polizei noch möglicherweise Lesben haben im Falle einer Anzeigenerstattung Interesse daran, ihre homosexuelle Lebensweise kundzutun. Zudem kann angenommen werden, daß analog zu dem Anzeigenverhalten von Frauen bei frauenfeindlicher Gewalt[3] betroffene Lesben – bedingt durch ihre gesellschaftliche Diskriminierung – selten Anzeige erstatten. Nur in wenigen Revieren und Kommissariaten gibt es AnsprechpartnerInnen für betroffene Lesben, während es inzwischen übliche Praxis ist, bei (sexueller) Gewalt gegen Frauen eine weibliche Beamtin zur Befragung hinzuzuziehen oder MigrantInnen in den Polizeidienst zuzulassen.

Wiesbaden ist derzeit die einzige Stadt in Hessen, die eine weibliche Ansprechpartnerin für Lesben und Schwule auf Seiten der Polizei zur Verfügung stellt.[4] Bundesweit soll es fast einhundert Kontaktbeamte für Homosexuelle geben[5], wobei diese vorrangig Ansprechpartner für Schwule sind. Den meisten Lesben sind diese Beamten nicht bekannt, das heißt, daß keine Öffentlichkeitsarbeit geleistet wird, die gezielt Lesben anspricht. Die wenigen Kenntnisse, die über lesbenfeindliche Gewalt existieren, werden vor allem durch mündliche Berichte von Betroffenen vermittelt.

Lesbenfeindlichkeit als Haßverbrechen

In Deutschland hat sich die Definition von homosexuellenfeindlicher, rassistischer, antisemitischer oder sexistischer Gewalt als „Haßverbrechen" (hate crimes) nicht durchgesetzt. Die Definition als Haßverbrechen öffnet einen Blick auf die Motivation des oder der TäterInnen und damit auch neue Wege in der Präventionsarbeit. Ein Haßverbrechen liegt dann vor, wenn Gewalt gegen eine Person oder das Eigentum dieser Person angedroht oder verübt wird, aufgrund dessen wer oder was sie ist oder was andere glauben, wer oder was sie ist. Die Gewalt kann sich gegen eine einzelne Person, eine Gruppe oder Organisation richten, die aufgrund ihrer ethnischen oder nationalen Herkunft, ihres Geschlechts, ihrer sexuellen Orientierung oder Religion von den gesellschaftlichen und individuellen Wertvorstellungen abweichen. Haßverbrechen sind Ausdruck einer gesellschaftlichen Werteordnung, die auf Ausgrenzung und Abwertung beruht. Als plakative Beispiele können der Bombenanschlag in London 1999, in dem einige Lesben und Schwule getötet und viele schwer verletzt wurden, oder die Ermordung des US-Amerikaners Matthew Shepard 1998 aufgeführt werden.

Einer der ausschlaggebenden Gründe, warum der international anerkannte Ansatz, derartige Verbrechen als Haßverbrechen einzustufen, in Deutschland nicht möglich ist, liegt an der hiesigen Rechtslage. Sie läßt, wie bereits dargestellt, keine tatmotivorientierte Erfassung von Straftaten zu. Eine Erfassung des Tatmotivs durch die VernehmungsbeamtInnen könnte sogar rechtswidrig sein. In den USA und in Großbritannien ist es dagegen üblich, nach dem Tatmotiv zu schauen. So hat das FBI einen Fragebogen entwickelt, der bei der Vernehmung der möglichen Täter eingesetzt wird.

Die Präventions- und Interventionsansätze der feministischen Anti-Gewalt-Arbeit zu frauenfeindlicher Gewalt beruhen auf der Anerkennung von sexistischer Gewalt als Haßverbrechen. Frauen werden aufgrund ihres biologischen Geschlechts angegriffen, vergewaltigt und getötet, und nicht, weil sie „zur falschen Zeit am falschen Ort" waren. Letztere gesellschaftlich weit verbreitete Ansicht spiegelt einen möglichen Zugang des Täters zu seinem auserwählten Opfer wider, stellt jedoch nicht das Tatmotiv dar. Eine derartige Argumentation beläßt die Verantwortung beim Opfer und nicht beim Täter. In der feministischen Anti-Gewalt-Arbeit wird davon ausgegangen, daß Täter für ihr Handeln verantwortlich sind und nur ein sehr geringer Prozentsatz der Vergewaltigungen triebmotiviert ist. Bei der Mehrheit der Mißhandlungen von Frauen und sexueller Gewalt gegen Frauen geht es um Macht und Kontrolle. Frauen werden aufgrund ihrer gesellschaftlichen und biologischen Disposition zu Opfern. Diese Erkenntnis hat inzwischen auch eine größere gesellschaftliche Anerkennung gefunden und schlägt sich in Ansätzen in der Arbeit der Exekutivorgane und der Jurisdiktion nieder. Einer der größten Erfolge ist sicherlich die Anerkennung von Vergewaltigung in der Ehe als strafbares Delikt.

Die Kategorisierung von Gewalt gegen Lesben als Haßverbrechen würde es ermöglichen, einerseits das Ausmaß der Gewalt und des dahinterstehenden Aggressionspotentials adäquat zu erfassen und die Gesellschaft in ihre Verantwortung zu nehmen. So belegt eine 1996 in Florida durchgeführte Studie, daß homosexuelle Mordopfer eine größere Anzahl von tödlichen Verletzungen durch scharfe oder stumpfe Gegenstände und eine größere Anzahl von Verletzungen auf dem ganzen Körper aufwiesen als heterosexuelle Opfer.[6] Die Beispiele rassistischer Gewalt in Deutschland zeugen auch hierzulande von der hohen Brutalität von Haßverbrechen. Die Täter sind entschlossen, nötigenfalls auch zu töten; sie sind unberechenbar und grausam, das Leben der Opfer besitzt für sie geringe Relevanz. Gleichzeitig fühlen sie sich durch gesellschaftliche Wertvorstellungen in ihrem Handeln bestätigt und sogar gerechtfertigt.

Im Rahmen der Definition von Gewalt gegen Lesben als Haßverbrechen erhält jede auch als noch so gering erachtete Grenzüberschreitung in Form von verbalen Attacken, Herabsetzungen, Demütigungen usw. einen anderen Stellenwert. Es ist weitaus schwieriger, einzuschätzen, ob es sich zum Beispiel bei einem verbalen Angriff „nur" um einen solchen handelt oder ob es den Beginn einer Gewaltspirale darstellt, die möglicherweise mit dem Tod des Opfers enden kann. Im Deutschland gibt es im Vergleich zu den Vereinigten Staaten weitaus weniger Mordopfer insgesamt und auch weniger Mordopfer aus einer homosexuellenfeindlichen Motivation heraus. Tatsache ist jedoch, daß es homosexuelle Mordopfer gibt. Da die sexuelle Orientierung als Tatmotiv in der deutschen Rechtsprechung irrelevant ist, kann nicht genau bestimmt werden, wie viele Opfer aufgrund ihres homosexuellen Lebensentwurfs getötet worden sind.

Gesellschaftliche Normalisierungsprozesse und die Akzeptanz von Homosexualität

Die Diskussion um Haßverbrechen führt leicht zu der Annahme, daß sich in Deutschland in den letzten Jahren wenig verändert habe. Dies ist aber nicht der Fall. Gerade die neunziger Jahre zeugen von einem langsamen aber steten Wertewandel und einer größeren Akzeptanz homosexueller Menschen. Die zunehmende Akzeptanz ist im Rahmen eines gesellschaftlichen Normalisierungsprozesses zu betrachten. Dieser Prozeß muß dynamischer Natur sein, um das Fortbestehen der Gesellschaft zu sichern. Eine Gesellschaft mit starren Werten und Normen ist zum Tode verurteilt. Die zunehmende Akzeptanz von Homosexualität im Rahmen eines Normalisierungsprozesses sichert folglich auch das Überleben derjenigen, die Definitionsmacht besitzen.

Der Wertewandel spiegelt sich zum Beispiel in den Programmen der demokratischen Parteien wider; so wurde zu dem Thema „Gleichstellung von Lesben und Schwulen" in den Parteiprogrammen der SPD, FDP und B90/Die Grünen explizit Stellung bezogen. In den Koalitionsverhandlungen der neuen Bundesregierung wurden Schritte festgelegt, eine weitgehende rechtliche Gleichstellung von Lesben und Schwulen „auf den Weg zu bringen"; so beispielsweise durch die Möglichkeit der Registrierung gleichgeschlechtlicher Lebensgemeinschaften. Inzwischen drängen sogar CDU und FDP auf die Durchsetzung der eingetragenen PartnerInnenschaft. Auch hat die Bundespartei der CDU ein neues Familienleitbild entworfen, das den gewandelten Formen von Familie gerecht werden soll. Darin spricht sich die CDU offen gegen eine Pathologisierung und Diskriminierung homosexueller Menschen aus und sieht einen Handlungsbedarf im Erbrecht, Mietrecht, Informations- und Auskunftsrecht und anderen Problembereichen.[7]

In zehn Bundesländern (Schleswig-Holstein, Hessen, Berlin, Brandenburg, Niedersachsen, Mecklenburg-Vorpommern, Nordrhein-Westfalen, Sachsen-Anhalt, Hamburg, Saarland) wurde bereits ein „Lesben- und Schwulenreferat" oder ein „Referat für die Gleichstellung von Lesben und Schwulen" eingerichtet oder wenigstens eine ReferentIn berufen, die die Gleichstellung von Lesben und Schwulen auf Landesebene verwirklichen soll. In einigen Bundesländern existieren Antidiskriminierungsgesetze, die den Begriff der „sexuellen Orientierung" beinhalten, so beispielsweise in Sachsen-Anhalt, Thüringen, Berlin und Brandenburg. In Bremen gibt es eine Antidiskriminierungsvorschrift im Landesbeamtengesetz, das den Begriff der sexuellen Identität beinhaltet. Auch auf kommunaler Ebene finden sich Initiativen für eine umfassende Antidiskriminierungspolitik, so sind in zwei Städten Ostdeutschlands, Leipzig und Dresden, die Stellen einer Lesbenreferentin eingerichtet worden.

Die aufgeführten gesetzlichen Regelungen und auch die Etablierung von Lesben- und Schwulenreferaten auf der Landesebene können als Ausdruck einer größeren gesellschaftlichen Akzeptanz betrachtet werden. Doch reichen diese neu gewonnene Toleranz und Akzeptanz nicht aus, um von einer rechtlichen und sozialen Gleichstellung zu sprechen.

Die Dynamik eines Normalisierungsprozesses ergibt sich aus dem Spannungsfeld von progressiven und konservativen Kräften, das heißt, es gibt immer ein Bestreben, Werte zu bewahren, und ein Bestreben, Werte zu verändern. Hinzu kommt ebenfalls die Angst der Menschen vor Veränderung. Es ist nicht von der Hand zu weisen, daß die konservativen gesellschaftlichen Kräfte starken Zuwachs erhalten haben. Dies hat sich besonders im Wahlkampf 1999 in Hessen gezeigt. Mit ihrer Kampagne gegen ein Aufenthaltsrecht für Migrantinnen und Migranten hat die CDU Urängste vieler Bürgerinnen und Bürger angesprochen, vor allem die Angst vor Veränderung. Der Erfolg dieser Kampagne hat die konservativen Kräfte dieser Gesellschaft gestärkt und nicht nur in Hessen zu einem Regierungswechsel geführt.

Als weiterer Ausdruck für das konservative gesellschaftliche Klima kann die Forderung der hessischen CDU nach einer „gesellschaftlichen Ächtung jedweder Art von Normverletzung" interpretiert werden. So wünscht diese Partei, daß diejenigen, die eine Norm verletzen, indem sie beispielsweise Häuser besetzen oder mit ihrem Lebensentwurf nicht der Norm entsprechen, mit einem „gesellschaftlichen Makel"[8] belegt werden. Ein weiteres Beispiel für eine geringe Akzeptanz drückt sich in dem Widerstand gegen die Aufenthaltserlaubnis lesbischer und schwuler LebenspartnerInnen aus: „Schwule Ausländer machen nur der CDU Sorge – Innenminister Bökel will mit der Aufenthaltserlaubnis alle Lebensgemeinschaften schützen".[9] Zweck dieses vom hessischen Innenministerium herausgegebenen Erlasses ist, lesbischen und schwulen binationalen, auf Dauer angelegten Beziehungen eine Lebensgemeinschaft im gleichen Land zu ermöglichen. Von dieser Möglichkeit haben derzeit nur zwischen zwanzig und dreißig Paare in Hessen Gebrauch gemacht. Trotzdem wurde seitens der CDU die Angst geschürt, daß dieser Erlaß Migrantinnen und Migranten Tür und Tor öffne, denn nun bräuchten diese nur zu behaupten, daß sie homosexuell seien, um einen aufenthaltsrechtlichen Status zu erhalten. In einigen anderen Bundesländern gibt es ähnliche Erlasse, die auch dort nicht zu einer verstärkten Einwanderung homosexueller oder pseudo-homosexueller MigrantInnen geführt haben.

In der Diskussion um gesellschaftliche Normalisierungsprozesse am Beispiel des Umgangs mit Homosexualität und homosexuellen Menschen wird deutlich, daß die Themen „Lesben" bzw. „lesbische Lebensformen" und „Gewalt gegen Lesben" keine öffentliche Relevanz besitzen: Wird das Thema Homosexualität explizit aufgegriffen, werden Lesben meist unter schwul subsumiert: „Jung, schwul und isoliert – Die schwierige Situation homosexueller Jugendlicher"[10] oder „Stimmen zur schwulen Ehe"[11]. Tauchen Lesben in den Vorabendserien und Talkshows auf, werden Bilder transportiert, die nicht im geringsten die reale Lebenssituation von Lesben widerspiegeln. Sie dienen eher der Förderung von Vorurteilen und der Kriminalisierung von Lesben: Sie werden als kriminell, drogensüchtig oder untreu dargestellt oder werden von einem Mann „bekehrt". Reale Ängste, Nöte, Bedürfnisse, Lebenssituationen, Wünsche und Träume von Lesben werden nicht vermittelt. Die aufgeführten Beispiele aus der deutschen Medienlandschaft führen zu der Annahme, daß die lesbische Lebensweise keinesfalls auf die gleiche gesellschaftliche Akzeptanz trifft wie die schwule.

Lesbische Organisationsstrukturen im Vergleich

Die Nichtwahrnehmung der lesbischen Lebensweise und die mindestens zweifach gegebene Diskriminierung von Lesben führen zu einem kritischen Verhältnis von Lesben gegenüber dem Staat. Eine Folge ist, daß die Mehrzahl lesbischer Organisationen auf Selbsthilfestrukturen beruht. Unter Selbsthilfe wird vor allem ehrenamtliche Tätigkeit verstanden, die bei Lesben und Schwulen unter anderem die Bereiche Lebensgestaltung und Lebensbewältigung in Form von Beratungen, Gruppen, kulturellen Angeboten und der Bereitstellung von Anlaufstellen umfaßt. Einige Selbsthilfeprojekte werden durch öffentliche Gelder gefördert, jedoch nicht finanziell abgesichert.

Ein grundlegender Unterschied zwischen lesbischer und schwuler Anti-Gewalt-Arbeit liegt in der Schwerpunktsetzung: So kann die schwule Anti-Gewalt-Arbeit nach wie vor primär als

Opferhilfe verstanden werden, während Lesben breitgefächert gegen jegliche Form von Gewalt arbeiten und diese in einem gesellschaftlichen Zusammenhang sehen. Die unterschiedlichen Ansätze können zu unterschiedlichen Inhalten, Kooperationen und Organisationsstrukturen führen.

In Deutschland gibt es ein bundesweites Netzwerk schwuler Anti-Gewalt-Gruppen sowie schwule Notrufe und Beratungsstellen. In einigen Bundesländern, so beispielsweise dem Saarland, wurde sogar eine einheitliche Telefonnummer vergeben, unter der Betroffene den schwulen Notruf erreichen können. Inzwischen gibt es im Saarland eine Kooperation von Lesben und Schwulen, so daß aus dem schwulen Notruf ein schwul-lesbischer Notruf wurde. Das Niedersächsische Sozialministerium gab bereits 1992 eine Studie zu antischwuler Gewalt in Auftrag, die von dem Journalisten Jens Dobler durchgeführt und 1993 veröffentlicht wurde. Der Landesverband Nordrhein-Westfalen des ehemaligen Schwulenverbands Deutschland veröffentlicht alljährlich einen Jahresbericht des Anti-Gewalt-Projektes Nordrhein-Westfalen, „Das Schweigen brechen". Auch wurde eine verstärkte Zusammenarbeit mit der Polizei angestrebt und etabliert.

Analog läßt sich ein Vergleich zur Organisation der Anti-Gewalt-Arbeit bei frauenfeindlicher Gewalt ziehen. Auch hier gibt es sehr ausgeprägte und ausdifferenzierte Vernetzungsstrukturen, so beispielsweise die Bundestreffen der Frauennotrufe, der Frauenhäuser, der Wendo-/Selbstverteidigungslehrerinnen usw. Sexuelle und andere Formen der Gewalt gegen Frauen und Mädchen rückten nach langem und zähem Kampf ins Bewußtsein der Öffentlichkeit, und schließlich wurde im Juli 1997 eines der letzten großen Tabus gebrochen und die Vergewaltigung in der Ehe unter Strafe gestellt.

Auch wenn frauenfeindliche Gewalt in das Bewußtsein der Öffentlichkeit gerückt ist, gilt dies jedoch nicht für Gewalt gegen Lesben. Ein bundesweites Netzwerk lesbischer Anti-Gewalt-Initiativen – vor allem lesbische Beratungsstellen, die mit dem Thema Gewalt konfrontiert sind – befindet sich in der Gründungsphase. Es gibt kaum Kooperationen von lesbischen Beratungsstellen mit den Frauennotrufen oder anderen frauenspezifischen Einrichtungen zum Schutz von Opfern. Betroffene Lesben wissen oftmals nicht, an wen sie sich wenden können, ohne erneut diskriminiert zu werden, um die Hilfe zu erhalten, die sie dringend benötigen.

Der Kreislauf von Viktimisierung und Reviktimisierung kann nur durchbrochen werden, indem die Gewalt gegen Lesben als solche sichtbar gemacht wird und Selbsthilfestrukturen verstärkt aufgebaut werden. In diesem Zusammenhang müssen verschiedene Aspekte lesbischer Anti-Gewalt-Arbeit diskutiert werden, so zum Beispiel zukünftige Vernetzungsstrukturen und mögliche KooperationspartnerInnen. Als Beispiel sei hier die Zusammenarbeit mit der Polizei angesprochen: Gerade im Bereich der autonomen und/oder feministischen Anti-Gewalt-Arbeit wurde oftmals eine Zusammenarbeit mit der Polizei abgelehnt, da die Erfahrung sehr vieler Frauen mit den Behörden vor Ort gezeigt hat, daß sie eher zu einer erneuten Viktimisierung der Opfer beitrugen. Lesbische Beratungsstellen, die mit der Polizei kooperieren, setzten die Grenzen weitaus enger als etwa schwule Anti-Gewalt-Projekte: So lehnt die Berliner Lesbenberatungsstelle eine ehrenamtliche und damit kostenlose Sensibilisierung der Beamten ab, während ein Schwerpunkt des schwulen Anti-Gewalt-Projekts in Frankfurt darin besteht, ehrenamtlich Reviergespräche durchzuführen. Die Berliner Lesbenberatungsstelle hat ebenfalls eine breit angelegte Kampagne gegen Gewalt gegen Lesben initiiert, die von verschiedenen Selbsthilfe-Organisationen (Frauenzentren, Beratungsstelle und Sonntags-Club) getragen wird. Die Polizei als Ansprechpartner spielt eine untergeordnete Rolle. Das schwule Anti-Gewalt-Projekt in Frankfurt wiederum veröffentlicht gemeinsam mit der Polizei ein Faltblatt zu Gewalt gegen Schwule. Hier ist die Polizei expliziter Ansprechpartner.

Eine wichtige Grundlage für eine lesbische Anti-Gewalt-Arbeit bilden die Dokumentation und die quantitative und qualitative Erfassung lesbenfeindlicher Gewalt. Strukturelle Gewalt in Form von gesellschaftlicher Diskriminierung und interpersonale Gewalt haben großen Einfluß auf die Identitätsbildung, das Selbstwertgefühl, den Alltag, das Leben und das Sterben von Lesben. So zeigt zum Beispiel die 1999 herausgegebene Studie des Referats für gleichgeschlechtliche Lebensweisen in Berlin zur psychosozialen Situation junger Lesben, Schwuler und Bisexueller in Berlin, „Sie liebt sie. Er liebt ihn" auf, daß 18 Prozent jugendlicher Lesben und Schwule aufgrund der Diskriminierungserfahrung schon einmal einen Suizidversuch unternommen haben. Darüber hinaus haben 64 Prozent der Mädchen und 56 Prozent der homosexuellen Jungen zumindest schon einmal daran gedacht.

In Deutschland gibt es bis jetzt nur sehr wenig Material über das Thema „Gewalt gegen Lesben". Die einzigen deutschsprachigen Materialien umfassen zum einen die 1992 erschienene Dokumentation des Berliner Referats für gleichgeschlechtliche Lebensweisen dar, *Gewalt gegen Schwule – Gewalt gegen Lesben. Ursachenforschung und Handlungsperspektiven im internationalen Vergleich*, welche die Studie von Diana van Oort, „(Sexuelle) Gewalt gegen Lesben und bisexuelle Frauen aller Altersgruppen" enthält. Außerdem sind zu diesem Thema die von der Lesbenberatung in Berlin 1996/97 durchgeführte Umfrage zu lesbenfeindlicher Gewalt, die 1998 veröffentlicht wurde, und eine Studie der Universität Bielefeld über Diskriminierungs- und Gewalterfahrung, *Gewalt gegen lesbische Frauen*, die im Juli 1999 veröffentlicht wurde, erhältlich

1998 wurden weitere Studien initiiert, so eine Umfrage zu schwulen- und lesbenfeindlicher Gewalt in Brandenburg sowie die von mir erarbeitete Studie zu Gewalt gegen Lesben, die im September 1999 abgeschlossen und deren Ergebnisse hier dargestellt werden sollen.

Bevor auf die Untersuchung im einzelnen eingegangen wird, möchte ich strukturelle und institutionelle Gewalt gegen Lesben im europäischen Vergleich beleuchten. Dieser Bereich kann von der Studie nicht erfaßt werden, beeinflußt jedoch wie bereits dargestellt in einem nicht unerheblichen Maß die Lebensqualität von Lesben. Ein europäischer Vergleich ermöglicht eine politische Standortbestimmung der Antidiskriminierungsbestrebungen in Deutschland.

Im ersten Teil der Studie werden dann die theoretischen Grundlagen gelegt, das heißt Ziele, Methoden und die Teilnehmerinnenprofile vorgestellt. Im zweiten Teil werden die eigentlichen Ergebnisse präsentiert und ausgewertet. Im dritten Teil werden die Interviews vorgestellt und interpretiert. Im vierten Teil werden weitere Aspekte interpersonaler Gewalt herausgegriffen, die von der Studie nicht ausreichend erfaßt werden konnten. Hier ist neben der Veröffentlichung von Martina Puschke zu Gewalt gegen Lesben mit Behinderungen auch das Thema Gewalt in lesbischen Beziehungen zu finden. In einem abschießenden Kapitel werden Perspektiven und Handlungsmöglichkeiten einer lesbischen Anti-Gewalt-Arbeit diskutiert. Mit diesem Buch möchte ich einen Beitrag dazu leisten, Gewalt gegen Lesben sichtbar zu machen. Lesben, die Gewalt erlebt haben, sind Opfer. Sie haben ein Recht darauf, wahrgenommen und gehört zu werden. Sie haben ein Recht auf Unterstützung, Sicherheit und Geborgenheit.

KAPITEL 2

Der europäische Vergleich

Der Kontinent Europa

Bei der folgenden Betrachtung muß eine grundlegende Unterscheidung getroffen werden, denn Europa ist zum einen der Kontinent Europa und zum anderen die politische und wirtschaftliche Gemeinschaft der EU-Staaten Belgien, Deutschland, Frankreich, Italien, Luxemburg, Niederlande, Großbritannien, Dänemark, Irland, Griechenland, Spanien, Portugal, Österreich und Schweden. Assoziationsverträge wurden mit Polen, Ungarn und dem heutigen Tschechien und der Slowakischen Republik abgeschlossen. Inzwischen haben dreizehn weitere Länder Antrag auf Aufnahme in die EU gestellt, so unter anderem Bulgarien, Rumänien, die Türkei, Slowenien und die Slowakische Republik. Die Unterscheidung zwischen dem Kontinent Europa und den EU-Staaten ist für die weiteren Ausführungen von Bedeutung, da einerseits nur Mitgliedstaaten der EU Menschenrechtsverletzungen bei dem Europäischen Gerichtshof einklagen können und andererseits potentielle Neuzugänge einen Mindeststandard an Menschenrechten erfüllen müssen. Ebenso haben Aufforderungen, Weisungen, Empfehlungen usw. nur einen Wirkungskreis innerhalb der EU. Wenn beispielsweise Norwegen ein Gesetz zur Registrierung gleichgeschlechtlicher

Lebensgemeinschaften erläßt (so geschehen 1994), hat dies keinerlei direkte Auswirkungen auf die EU.

Innerhalb der EU gibt es verschiedene Rechtswege, die eingeschlagen werden können: Die Europäische Kommission für Menschenrechte mit Sitz beim Europarat hat die Aufgabe, die Durchsetzung der Gemeinschaftsregeln zu überwachen. Hier können sowohl Privatpersonen als auch Nicht-Regierungsorganisationen (NROs) Beschwerde einreichen, der dann in einer meist nicht öffentlichen Verhandlung nachgegangen wird. Neben dem Weg der Beschwerde gibt es die Möglichkeit der Klage vor dem Europäischen Gerichtshof für Menschenrechte mit Sitz in Straßburg. Deren Urteile sind für die Mitgliedstaaten rechtsverbindlich.

Die Lebensqualität von Lesben ist von verschiedenen Formen der Gewalt beeinflußt: So gibt es die institutionelle Gewalt, das heißt vom Staat vertretene Diskriminierungsstrukturen gegenüber Lesben. Aus einer allgemeinen gesellschaftlich verankerten Homosexuellenfeindlichkeit, vielleicht sogar Homophobie, läßt sich die strukturelle Gewalt ableiten. Als weitere Form ist die interpersonale Gewalt zu nennen, das heißt Gewalt, die zwischen zwei oder mehreren Personen stattfindet. Diese Formen der Gewalt sind eng miteinander verwoben und legitimieren sich teilweise. Im Bereich der strukturellen Gewalt ist es sinnvoll, punktuell auch Gewalt gegen homosexuelle Männer aufzuführen. Durch den Vergleich lassen sich die Strukturen von Homosexuellenfeindlichkeit klarer darstellen als ohne ihn.

Rechtliche Diskriminierung

Innerhalb der Mitgliedstaaten der Europäischen Gemeinschaft bestehen erhebliche Unterschiede in der rechtlichen und sozialen Stellung von Lesben und Schwulen. Diskriminierung findet in fast allen Lebensbereichen statt: im Gesundheits- und Ausbildungssystem, aber auch in den Bereichen Arbeit, Wohnen, Erziehung und Recht.

Das Strafrecht einiger Mitgliedstaaten enthält nach wie vor diskriminierende Regelungen hinsichtlich des Sexualverhaltens und zum Mindestalter. Dies gilt insbesondere für Großbritannien, wo das Mindestalter für männliche Homosexuelle bei 18 Jahren und für weibliche Homosexuelle bei 16 Jahren liegt, oder auch für Luxemburg mit 16 Jahren, Portugal mit 16 Jahren oder Nordirland mit 17 Jahren für Lesben und 18 Jahren für Schwule. Erst im Juli 1999 wurde vom britischen Oberhaus erneut eine Herabsetzung des Mindestalters auf 16 Jahre abgelehnt; das Unterhaus hatte im Monat zuvor die Änderung mit einer Zweidrittelmehrheit gebilligt. Das Oberhaus kann keine Gesetze verhindern, jedoch verzögern. In Griechenland können Schwule strafrechtlich verfolgt werden, wenn gemäß Artikel 347 des griechischen Strafgesetzbuchs die „Verführung" eines 15- oder 16jährigen Partners vorliegt, die zum Analverkehr führt. Und seit 1981 wird dort das Gesetz zur Verhütung von Geschlechtskrankheiten nicht selten als Repressalie gegen Schwule benutzt, die sich gegen ihren Willen Aids-Tests unterziehen sollen. Das vorgegebene Mindestalter in Griechenland liegt für Schwule bei 17 Jahren, für Lesben und Heterosexuelle bei 15 Jahren. Männliche Prostitution ist verboten.

In Ungarn liegt das Mindestalter für weibliche und männliche Homosexualität bei 18 Jahren, das für Heterosexualität bei 14 Jahren. Zugleich gibt es jedoch ein Gesetz, welches die Möglichkeit einer gemeinsamen Wohnung mit der Partnerin rechtlich absichert (gleichgeschlechtliche Kohabitation).

Die aufgeführten Beispiele verdeutlichen die Rolle des Staates bei der Diskriminierung von Lesben und Schwulen. Das durchschnittliche Mindestalter für heterosexuellen Geschlechtsverkehr liegt bei 14 Jahren. Wird lesbische Sexualität nicht explizit reguliert, wird sie meist vom Mindestalter her dem heterosexuellen Geschlechtsverkehr gleichgesetzt. Vorrangig wird männliche Homosexualität reguliert, wobei das Mindestalter deutlich vom Mindestalter heterosexueller Jugendlicher abweicht, das heißt höher liegt.

1988 wurde vom britischen Parlament die „Clause 28" verabschiedet, die nach wie vor auch unter der Labour-Regierung in Kraft ist. Dieses Gesetz verbietet kommunalen Behörden, Homosexualität zu fördern. Was man darunter verstehen kann, ist sehr flexibel interpretierbar, aber das Gesetz wirkt auf jeden

Fall restriktiv auf Bildungseinrichtungen, Büchereien, Theater und Kunstgalerien.

Portugals Regierung stuft Homosexualität seit neuestem wieder als Behinderung ein. Dabei beruft sie sich auf eine Kategorisierung von Behinderung der Weltgesundheitsorganisation WHO aus dem Jahre 1976, ohne zur Kenntnis zu nehmen, daß die WHO Homosexualität schon 1990 von der Liste strich.

Erst 1999 hat das ungarische Parlament ein Gesetz erlassen, in dem *anonyme* Aids-Tests verboten werden. Angegeben werden muß auf jeden Fall der eigene Namen und der Name des Sexualpartners. Laut dem ungarischen Schwulenmagazin *Masok* geht der Staat nicht vertraulich mit den Informationen um.

Mit Ausnahme von Frankreich gibt es in keinem Staat der EG einen vollen rechtlichen Schutz gegen Diskriminierung am Arbeitsplatz aufgrund sexueller Orientierung. Eine Person, die wegen Homosexualität nicht befördert oder sogar entlassen wird, kann nur darauf klagen, daß dies ungerechtfertigt oder aus unfairen Gründen geschieht. Der Arbeitgeber kann jedoch geltend machen, daß die MitarbeiterIn aufgrund ihrer sexuellen Orientierung untragbar sei. Frankreich jedoch gewährt seit 1985 Lesben und Schwulen sogar einen strafbewehrten Diskriminierungsschutz im Arbeits- und Wirtschaftsleben.

In der Bundesrepublik Deutschland gibt es einige Ansätze zum Diskriminierungsverbot am Arbeitsplatz, die allerdings nicht vom Staat ausgehen und daher nur einen Selbstverpflichtungscharakter haben. Zum Beispiel die Dienstvereinbarung über den Beschäftigtenschutz der Bundesversicherungsanstalt für Angestellte. Problematisch ist hierbei jedoch die Tatsache, daß die Diskriminierung aufgrund der sexuellen Orientierung unter den Tatbestand der sexuellen Belästigung am Arbeitsplatz subsumiert wird. Dies kann zu einer Verwässerung des Begriffs der sexuellen Belästigung führen und räumt der Diskriminierung aufgrund der sexuellen Orientierung nur eine untergeordnete Position zu.

In einigen EU-Ländern, zum Beispiel in Deutschland, wurden schwulen Männern Krankenkassenleistungen verweigert oder der Abschluß von Versicherungen abgelehnt, weil die Möglichkeit einer HIV-Infektion befürchtet wurde.

Innerhalb der EU gibt es auch staatliche Bestrebungen, Diskriminierung abzubauen. Einige Beispiele seien hier genannt: So können sich in den Niederlanden seit 1997, in Schweden und Dänemark seit 1990 gleichgeschlechtliche Paare registrieren lassen. In Frankreich wurde am 13. Oktober 1999 nach langem Kampf das PACS verabschiedet, das sowohl heterosexuelle unverheiratete Paare als auch homosexuelle Paare weitgehend mit der Ehe gleichstellt. Ähnliche Bestimmungen finden sich in Belgien, Irland und Italien. Florenz war nach Pisa die zweite italienische Stadt, die gleichgeschlechtliche Lebensgemeinschaften als Ehen anerkannte. Doch bereits innerhalb eines Monats mußte Florenz diese Entscheidung aufgrund des großen politischen Drucks zurücknehmen. In den Niederlanden besteht seit 1999 sogar ein Adoptionsrecht, „[wenn] das Kind von seinen biologischen Eltern nichts mehr erwarten kann oder bekommt". Die dänische Königin Margarethe und ihr Gatte Prinz Henrik haben erstmals ein schwules Paar zum alljährlichen Ball eingeladen. In Deutschland gibt es seit Juli 1998 eine Bundesratsinitiative zur Registrierung gleichgeschlechtlicher PartnerInnenschaften. Bereits jetzt gibt es in Hamburg und Berlin die Möglichkeit, eine registrierte PartnerInnenschaft einzugehen. Diese beinhalten jedoch weder Rechte noch Pflichten. Zudem enthalten die Verfassungen der Bundesländer Berlin, Brandenburg, Hamburg, Sachsen-Anhalt, Saarland und Thüringen explizite Diskriminierungsverbote aufgrund der sexuellen Orientierung. Was jedoch eindeutig fehlt, ist eine bundeseinheitliche Gesetzgebung. Andere EU-Länder, so Frankreich, Schweden, Dänemark, Spanien und die Niederlande, haben bereits gesetzliche Regelungen (Antidiskriminierungsklauseln) erlassen, die ausdrücklich auch Lesben und Schwule vor Diskriminierung schützen sollen.

Gleichstellungsinitiativen der EU

Aufgrund der sehr unterschiedlichen Lebenssituationen von Lesben und Schwulen innerhalb der Mitgliedstaaten der EU gab es in den neunziger Jahren mehrere Initiativen des Europäischen Parlaments bzw. der Mitgliedstaaten der EU zur Gleichstellung von Lesben und Schwulen:

(1)
Schon 1991 wurden Lesben und Schwule in einem Bericht des Ausschusses für die Rechte der Frau „über die Empfehlung der Kommission zum Schutz der Würde von Frauen und Männern am Arbeitsplatz" als „unverhältnismäßig stark gefährdet" von sexueller Belästigung aufgeführt. Im Text heißt es weiter: „Es läßt sich nicht bestreiten, daß Belästigungen aufgrund der Rasse oder der sexuellen Orientierung die Würde der betroffenen Person am Arbeitsplatz beeinträchtigt. Derartige Belästigungen können unmöglich als angemessenes Verhalten am Arbeitsplatz angesehen werden."

(2)
1994 verabschiedete das Europäische Parlament eine „Entschließung zur Gleichberechtigung von Schwulen und Lesben in der EG", wobei diese jedoch mehr einen Aufforderungs- denn einen Verpflichtungscharakter hat. In dieser Entschließung werden die Mitgliedstaaten der Europäischen Union unter anderem dazu aufgefordert, „die ungleiche Behandlung von Personen mit gleichgeschlechtlicher Orientierung in den Rechts- und Verwaltungsvorschriften zu vermeiden". Das Europäische Parlament will die geforderten Mindeststandards zur Gleichberechtigung von Lesben und Schwulen in der Europäischen Gemeinschaft durch eine „Empfehlung betreffend gleiche Rechte für Schwule und Lesben" durchsetzen. Die Empfehlung solle dabei „mindestens auf die Beseitigung folgender Mißstände hinwirken:

- Nichtzulassung von homosexuellen Paaren zur Eheschließung oder entsprechenden rechtlichen Regelungen und Vorenthalten der vollen Rechte und Vorteile, wie sie sich aus der Eheschließung der Lebensgemeinschaft ergeben
- Beschneidung des Rechts von Schwulen und Lesben auf Elternschaft oder Adoption und Erziehung von Kindern" (EG-Drucksache 12/7069 vom 10.3.1994, S. 4)

- Die Beseitigung unterschiedlicher Altersgrenzen für homosexuelle Handlungen gegenüber heterosexuellen Handlungen
- Die Verfolgung gleichgeschlechtlicher Lebensweisen als öffentliches Ärgernis oder als Verstoß gegen die Sitten
- Die Einstufung von Homosexualität als Sicherheitsrisiko
- Die Einweisung in eine psychiatrische Einrichtung oder die therapeutische Behandlung von homosexuellen Jugendlichen mit dem Ziel, ihre sexuelle Orientierung zu ändern
- Das Verbot oder die Einschränkung der Förderung von sozialen und kulturellen Einrichtungen von Lesben und Schwulen

(3)
Anfang 1999 wurde der „Amsterdamer Vertrag", dem der deutsche Bundestag nach langen und heftigen Widerständen bereits im März 1998 zugestimmt hatte, durch die anderen 14 Mitgliedstaaten ratifiziert und ist dann in Kraft getreten. Der Amsterdamer Vertrag gilt als Vervollständigung des Vertrages von Maastrich 1992 mit dem Beschluß über die Wirtschafts- und Währungsunion. Mit dem Amsterdamer Vertrag soll nun die „soziale und bürgernahe Komponente" hinzugefügt werden. Der neue Artikel 13 des EG-Vertrages ermöglicht dem Ministerrat, „auf Vorschlag der Kommission und nach Anhörung des Europäischen Parlaments *einstimmig* geeignete Vorkehrungen [zu] treffen, um Diskriminierung aus Gründen des Geschlechts, der Rasse, der ethnischen Herkunft, der Religion oder der Weltanschauung, einer Behinderung, des Alters oder der sexuellen Ausrichtung zu bekämpfen". Mit dieser Klausel wird indirekt die Gleichstellung von Lesben und Schwulen innerhalb der EU-Staaten als Ziel der EU vereinbart.

Auch wenn diese neue Klausel eine Kann-Vorschrift darstellt, ist sie dennoch eine wichtige Rechtsgrundlage mit einer Rechtsverbindlichkeit. Diese neue Klausel könnte die Basis für den Erlaß einer europäischen Antidiskriminierungsverordnung darstellen, die dann als unmittelbar wirkendes Recht in allen Mitgliedstaaten gelten würde. Eine weitere Möglichkeit wäre, sie als Grundlage für den Erlaß einer entsprechenden Richtlinie zu betrachten, die in nationalen Schutzvorschriften umgesetzt werden müßte. Dies wäre analog zu der Empfehlung von 1994. Die praktische Umsetzung der Empfehlung läßt jedoch, wie wir wissen, recht lange auf sich warten.

Da die Umsetzung der Vertragsklausel der einstimmigen Zustimmung des Ministerrates bedarf, gilt sie als zumindest fragwürdig. Über die Wirksamkeit des Amsterdamer Vertrages und seine Kann-Vorschriften besteht Uneinigkeit: Zum einen stellt der Vertrag eine rechtsverbindliche Rechtsgrundlage dar, zum anderen wird er durch das Gebot der Einstimmigkeit stark in seiner Wirkung eingeschränkt. So kann ebenfalls gefolgert werden, daß diese Vertragsklausel eher einen symbolischen denn einen faktisch greifenden Charakter hat. Generell ist der Artikel 13 des EG-Vertrages als positiver Schritt in die richtige Richtung zu bewerten. Ob er ein zahnloser Papiertiger sein wird, wird sich zeigen.

Eine neue Entwicklung stellt auch die Entscheidung des Europäischen Gerichtshofs für Menschenrechte vom September 1999 dar, in der das in Großbritannien geltende Armeeverbot für Homosexuelle als Verstoß gegen das Grundrecht des Schutzes des Privatlebens betrachtet wird. Damit wird der britische Staat gegenüber den Klägern nicht nur schadensersatzpflichtig, sondern muß sein Armeeverbot aufheben. Diese Entscheidung könnte auch Auswirkungen auf andere EU-Länder wie zum Beispiel Deutschland haben.

Diskriminierung durch die Organe der EU

Diese Vorstöße zu einer Gleichstellung von Lesben und Schwulen innerhalb der EU können nicht als einheitliches Bild der politischen Richtung der EU bewertet werden. So gibt es Rechtsprechungen und Entschließungen der verschiedenen

Organe der EU selbst, die eine Diskriminierung aufgrund der sexuellen Orientierung darstellen: So beschlossen beispielsweise die Europäischen GesundheitsministerInnen erst Mitte 1998, Lesben und Schwule nicht länger als BlutspenderInnen auszuschließen. Als Ausschlußkriterium sollen jetzt nur ungeschützte Kontakte gelten, wobei sich die Frage aufdrängt, wie das nachgewiesen werden soll.

Auch fällte der Europäische Gerichtshof einige Urteile, die zu den oben aufgeführten Vorstößen zur Gleichstellung von Lesben und Schwulen in starkem Widerspruch stehen: In den folgenden Fallbeispielen stammten die KlägerInnen aus Großbritannien.

Ein britisches Arbeitsgericht hat den Europäischen Gerichtshof angerufen, um feststellen zu lassen, ob die Weigerung eines Arbeitgebers, einer Arbeitnehmerin Fahrpreisvergünstigungen für die gleichgeschlechtliche Lebenspartnerin einzuräumen, eine Diskriminierung aufgrund des Geschlechts darstelle. Problematisch war, daß nicht Diskriminierung aufgrund der sexuellen Orientierung, sondern aufgrund des Geschlechts eingeklagt worden war, da es zu diesem Zeitpunkt noch keine andere Möglichkeit gab und Lesben gesondert aufgeführt wurden. Der Europäische Gerichtshof stellte fest, daß eine Diskriminierung aufgrund des Geschlechts nicht gegeben sei, da die gleiche Regelung ebenfalls für männliche Homosexuelle gelte. In diesem Zusammenhang wurde erneut auf die Europäische Kommission für Menschenrechte hingewiesen, die weiterhin daran festhält, daß „dauerhafte homosexuelle Beziehungen trotz der heutigen Entwicklung der Mentalitäten gegenüber Homosexualität nicht unter das durch Art. 8 EMRK geschützte Recht auf Achtung des Familienlebens falle“. Eine Familie bestünde nach wie vor aus Personen unterschiedlichen Geschlechts. Mit diesem Urteil wird ausdrücklich die Ungleichbehandlung der Beziehung zwischen zwei Personen des gleichen Geschlechts mit Verheirateten oder festen nichtehelichen Personen unterschiedlichen Geschlechts konstatiert (vgl. NJW 1998, Heft 14, S. 969-971).

Die Lebensstandards für Lesben und Schwule innerhalb Europas sind sehr unterschiedlich, so auch in weiteren europäischen Staaten wie der Türkei, Rumänien, Bosnien, Albanien, der Jugoslawischen Republik, Kroatien, Slowenien, Weißrußland, Rußland, Bulgarien, Litauen, Estland oder Zypern. Einige dieser Länder haben einen Aufnahmeantrag an die EU gestellt. Diese prüft nun, ob bestimmte Bedingungen, wie zum Beispiel die Einhaltung der Menschenrechte, gewährleistet sind. Über die Lebensbedingungen von Lesben in diesen Ländern ist zugegebenermaßen kaum etwas bekannt. In der Türkei ist Homosexualität legal, wird aber unter anderen Gesetzen (unsittliches Verhalten) stark verfolgt. In Estland ist Homosexualität seit 1992 legal, in Litauen und Zypern seit 1993. In Bulgarien ist Homosexualität seit 1968 legal, das Mindestalter ist 18 Jahre. In Albanien wurde sie 1994 legalisiert, ebenso in Weißrußland. In Slowenien liegt das Mindestalter bei 14 Jahren, in Kroatien bei 18 Jahren.

Rumänien hatte bereits 1993 der EU zugesagt, Homosexualität als kriminelle Handlung aufzuheben. 1994 wurde das alte Gesetz abgeschafft. Im November 1996 wurden jedoch Bars, Clubs, Organisationen, Beratungsstellen und homosexuelle Medien verboten. In Artikel 200 des Strafgesetzbuches werden alle homosexuelle Handlungen, die einen „öffentlichen Skandal“ verursachen, mit bis zu fünf Jahren Haft bestraft. Ein „öffentlicher Skandal“ liegt dann vor, wenn zwei oder mehr Personen eine Handlung anstößig finden. Auch die Verführung zur Homosexualität steht jetzt unter Strafe. So wurde zum Beispiel Mariana Cetiner 1996 aufgrund ihrer Lebensweise zu drei Jahren Haft verurteilt. Dies kann nicht bei der Europäischen Kommission für Menschenrechte eingeklagt und eventuell mit Sanktionen belegt werden. Im Juli 1998 hatte das rumänische Parlament beschlossen, Artikel 200 StGB zu streichen. Parlament und Senat müssen jedoch die Gesetzesänderung gegen den Willen der Kirche und konservativ-reaktionärer Kräfte durchsetzen. Die Legalisierung der Homosexualität ist Aufnahmekriterium für die EU.

In der Türkei gibt es nur wenige politisch aktive Gruppen. In Istanbul sind „Lamda Istanbul", eine offiziell gemischte Gruppe von Lesben und Schwulen, und die „Sisters of Venus" zu finden. Jüngeren Meldungen zufolge existiert die Gruppe „Sisters of Venus" seit zirka drei Jahren nicht mehr. In Ankara entstanden die „Daughters of Sappho" 1998 aus der Gruppe „KAOS GL", die ursprünglich ebenfalls für Lesben und Schwule gedacht war. Mit Ausnahme einer Stiftung, die zur Aids-Prävention arbeitet (IPOTH), ist es nach wie vor nicht erlaubt, eine lesbenpolitische Organisation zu gründen. Obwohl IPOTH eine türkische Gruppe ist, scheint sie vor allem außerhalb der Türkei in den Niederlanden politisch aktiv zu sein.

Lesben in der Türkei erleben am häufigsten Gewalt im familiären Kontext durch männliche Familienmitglieder. Erzwungene Ehen sind nach wie vor weit verbreitet, vor allem in ländlichen Gegenden, in denen überhaupt kein Konzept des Lesbischseins existiert. In den Großstädten werden jüngere Lesben eher noch zu Therapeuten gebracht, die selbst homophob sind, oder ebenfalls zwangsverheiratet. Dennoch bleibt vielen nur die Flucht in die Großstadt, um dort, wenn auch in einem sehr begrenzten Rahmen, lesbisch leben zu können. In Istanbul gibt es ein Frauenhaus, das von Feministinnen geleitet wird. Das Frauenhaus stellt jedoch keine Anlaufstelle für Lesben dar. Eine Zusammenarbeit mit der Polizei erübrigt sich, da die Polizei zu den Tätern gehört. So beschreibt Yesim von der Gruppe „Daughters of Sappho" diesen Zusammenhang deutlich mit den Worten: „If a policemen knows a women's a lesbian, the first he'll do is attack her [...]".[12] Auch in den Städten gibt es kein soziales Netz, welches lesbischen „Ausreißerinnen" Schutz gewährleisten könnte. Nach wie vor ist das Vorurteil, (weibliche) Homosexualität sei ein Laster der Reichen, eine sexuelle Spielvariante einer übersättigten Oberschicht, weit verbreitet. Die wenigsten Lesben leben offen, und die wenigen offenen Gruppen leisten vor allem Selbsthilfe und tragen zur Stärkung des Selbstbewußtseins von Lesben bei.

In der Türkei gibt es verschiedene Gesetze, die eine staatliche Verfolgung von Lesben und Schwulen ermöglicht. So gibt es ein Gesetz, das Handlungen gegen das „allgemeine Moralverständnis“ unter Strafe stellt. Auch werden viele Schwule der Prostitution angeklagt. Der CSD 1993 wurde mit dem Argument verboten, daß er gegen das „allgemeine Moralverständnis“ verstoße.

Ende 1999 wurde die Türkei als potentieller Beitrittskandidat für die EU anerkannt. Um der EU letztlich tatsächlich beitreten zu können, müssen bestimmte Aufnahmebedingungen erfüllt werden, so zum Beispiel die Akzeptanz der allgemeinen Menschenrechte und eine Angleichung an die rechtlichen Standards der Europäischen Union. Darunter müßte auch die rechtliche Gleichstellung von Lesben und Schwulen fallen. Es ist eine Frage der Politik, wieviel Spielraum der türkischen Regierung eingeräumt wird und ob die Erfüllung der Grundlagen des Vertrags von Amsterdam als Ausgangspunkt für weitere Verhandlungen herangezogen werden.

Auch die Slowakische Republik wird von dort lebenden Lesben als extrem homophob beschrieben: „Im allgemeinen sind Ansichten zu nicht-heterosexuellen Orientierungen ein Tabu, von verschiedenen Mythen und Mutmaßungen gefärbt und gelten als Perversion.“[13] Dennoch gibt es in Bratislava eine lesbische Organisation, MUSEION, die Kontakte und Informationen für Mitfrauen im ganzen Land vermittelt. Die Slowakische Republik hat 1999 einen Antrag zur Aufnahme in der EU gestellt; auch sie muß sich an den Vorgaben des Maastricher Vertrags messen lassen.

In Tschechien steckt sowohl die Frauen- als auch die Lesbenbewegung in ihren Anfängen, und der internationale Informations- und Erfahrungsaustausch gestaltet sich schwierig. Eines der selteneren Ereignisse war 1999 der Besuch einer Frauengruppe aus Prag bei mehreren ost- und westdeutschen Fraueninitiativen, um Informationen über den Aufbau und die Vernetzung von Frauenorganisationen zu sammeln. Bemerkenswert ist auch, daß im Mai 1999 das zweite internationale lesbische und schwule Festival in Karlovy Vary stattfand. Angeboten wurden Filme, Literatur, Theater und Travestieshows. Auch gab es einen Regenbogenumzug.[14]

In Slowenien wurde in Ljubljana 1990 die lesbisch-schwule Organisation Roza Club gegründet. Eine seiner ersten Aufgaben bestand darin, in der sich neu konstituierenden Verfassung ein Antidiskriminierungsverbot bezüglich der „sexuellen Orientierung" einzubringen. Der neue Artikel 7 der Verfassung sollte wie folgt lauten: *„Alle haben die gleichen Rechte, unabhängig ihrer Nationalität, Rasse, ihres Geschlechts, ihrer sexuellen Orientierung, Sprache, Religion, politischer oder anderer Anschauung, ihres Eigentums, ihrer Geburt, Bildung, ihres sozialen Status' oder jeglicher anderer persönlicher Lebensumstände. Alle sind vor dem Gesetz gleich."* Der Vorteil eines in der Verfassung verankerten Diskriminierungsschutzes bestehe darin, eine gute Grundlage für die Einforderung weiterer Rechte, wie zum Beispiel die rechtliche Anerkennung gleichgeschlechtlicher Paare, zu bilden. In Slowenien ist es beispielsweise so, da heterosexuelle Paare, die länger als zwei Jahre zusammenleben, die gleichen Rechte haben wie verheiratete Paare. Dies gilt jedoch nicht für gleichgeschlechtliche Paare. Die Änderung des Artikels 7 wurde Anfang 1991 abgelehnt.

Trotz dieser Niederlage ließ sich der Roza Club nicht davon abhalten, im September 1991 das erste Lesben- und Schwulencamp in Slowenien abzuhalten. Zwanzig Schwule und fünf Lesben nahmen daran teil. Im Dezember 1991 veranstalteten sie ein lesbisch-schwules Filmfestival, das allerdings schon von dem im Nachbarland entfachten Bürgerkrieg überschattet war. Serbien blockierte Telefonverbindungen über Kroatien, so daß in Slowenien kaum noch Kontakte ins Ausland möglich waren. Aufgrund der Veröffentlichung eines Interviews des schwulen Aktivisten Brane Mozetic entzog die Kommune dem Roza Club ihre finanzielle Unterstützung und bezeichnete die von ihr herausgegebene lesbisch-schwule Zeitschrift *Revolver* als obszön.

Lesben und Schwule aus Slowenien hatten trotz des Bürgerkriegs noch Kontakte zu anderen Lesben, Feministinnen und Schwulen in Kroatien und Serbien. Der Kontakt gestaltete sich schwierig, da weder die Post noch die Telefonverbindungen funktionierten und die Adressen ständig wechselten. Bemerkenswert ist, daß trotz des Bürgerkriegs 1993 das erste Lesbencamp in Slowenien stattfand.

Die Lesbenorganisation in Kroatien, Lila Inicijativa, verlor aufgrund der sich ändernden politischen Verhältnisse ihren Treffpunkt in Zagreb. Vielen gemeinnützigen Organisationen wurden die Räume gekündigt und dann an politische Parteien und Einrichtungen weiterverkauft. Auch ist aus Kroatien ein Bericht bekannt, der die Diskriminierung aufgrund der lesbischen Lebensweise durch die Polizei belegt. Obwohl dieses Ereignis bereits 1986 geschah, geht die Autorin Suzana Tratnik dennoch davon aus, daß dies auch heute noch unter demokratischen Verhältnissen geschehen könne. Generell wird angenommen, daß die meiste Gewalt gegen Lesben innerhalb der Herkunftsfamilie stattfindet. Eltern schicken ihre lesbischen Töchter zu einem Psychotherapeuten oder verbieten ihr den Kontakt zu ihrer Geliebten. Hilft das nicht, wird der Geliebten schon einmal die Polizei ins Haus geschickt und diese für eine Befragung, die natürlich nur eine „freundliche und freiwillige Unterhaltung" ist, auf das Revier geholt.

In der heutigen Republik Jugoslawien existiert wenigstens seit Beginn der neunziger Jahre in Belgrad eine Lesbengruppe, Arkadija (Gay Lobby Arcadia), sowie eine mehr oder weniger ausgeprägte Schwulenbewegung. Während des Bürgerkriegs haben sie gegen den Nationalismus in Serbien und Kroatien protestiert. Es bestanden Kontakte nach Slowenien und Kroatien. Der Lesbengruppe Arkadija wurden Räume verweigert, die notwendig waren, um sich als Organisation eintragen zu lassen. Diese Gruppe dokumentiert sehr eindrucksvoll die gesellschaftliche Diskriminierung von Lesben in Serbien: Lesben gibt es in der Republik Jugoslawien nicht, weder legal noch illegal. Frauen werden über eine Beziehung zu einem Mann definiert, das heißt, Lesben existieren nicht, jedoch alleinstehende Frauen, die in allen Lebensbereichen zusätzlich diskriminiert werden. Trotz der gesellschaftlichen Nichtwahrnehmung von Lesben erleben diese bei Kenntnisnahme ihrer lesbischen Lebensweise tiefgreifende Diskriminierungen wie den Entzug des Sorgerechts für eigene Kinder, den Verlust des Arbeitsplatzes, Gewalt auf der Straße, eine Medikalisierung und Pervertierung der Lebensweise, keine angemessene Gesundheitsversorgung und schließlich die soziale Isolation.

Die serbischen Schwulengruppen Campaign against Homophobia, European Youth Association of Serbia und der Humanitarian Law Fund forderten gemeinsam mit der Lesbengruppe Arkadija im Sommer 1999 einem Stop der Nato-Luftangriffe auf Jugoslawien. Es gilt, erst einmal das eigene Überleben zu sichern, sich eine Existenz in einem vom Krieg zerstörten Land aufzubauen, um dann eigene Formen politischer Aktivitäten zu finden.

Ausblick

Zusammenfassend läßt sich feststellen, daß die unterschiedlichen Standards für die Bürgerrechte von Lesben und Schwulen in den einzelnen Mitgliedstaaten dazu führen, da ein Wechsel des Arbeits- und Aufenthaltsortes innerhalb der Europäischen Gemeinschaft zu einem Verlust von Rechten und Rechtssicherheit für lesbische und schwule ArbeitnehmerInnen führen kann. Die Anwendung diskriminierender Vorschriften durch EU-Mitgliedstaaten in Bereichen, in denen EG-Vorschriften gelten, stellt eine Verletzung der Grundprinzipien der EG-Verträge, insbesondere im Bereich Freizügigkeit gemäß Art. 3 EWG-Vertrag, dar. Wie in vielen anderen Bereichen auch, muß in diesem Zusammenhang immer wieder auf die besondere Situation von Lesben hingewiesen werden, da sie nicht nur mit Homosexuellenfeindlichkeit konfrontiert werden, sondern ebenso mit den Auswirkungen und Formen patriarchaler Strukturen, die in den Ländern unterschiedliche Ausprägungen aufweisen.

Auch läßt sich feststellen, daß es innerhalb Europas große Unterschiede in den Lebensbedingungen von Lesben und Schwulen gibt. In einigen Ländern müssen sie nicht nur mit Homophobie und sozialer und wirtschaftlicher Isolation rechnen, sondern ebenfalls mit einem vom Krieg zerstörten Land. Dies hat wiederum einen eklatanten Einfluß auf die Lebensqualität von Lesben und Schwulen und bestimmt die Schwerpunkte ihrer politischen Arbeit.

KAPITEL 3

Theoretische Grundlagen

Ziele

Ziel der Studie ist herauszufinden, ob und in welchem Maß Lesben von lesbenfeindlicher Gewalt betroffen sind und welchen Einfluß dies auf ihre Identität als Lesben hat. Dem Vergleich mit anderen Studien kommt eine besondere Bedeutung zu, da sie hier erstmals in Bezug zueinander gestellt werden. So wird ein Überbau geschaffen, der es ermöglicht, die gesellschaftliche Einbettung der Gewalt gegen Lesben darzustellen sowie eine kritische Auseinandersetzung mit dem Thema zu leisten. Darüber hinaus bietet dieses Buch einen umfassenden Überblick und zeigt Differenzen auf.

In Hinblick auf diese Ziele erscheint es sinnvoll, einerseits zwischen lesbenfeindlicher und frauenfeindlicher und andererseits zwischen lesbenfeindlicher und schwulenfeindlicher Gewalt zu differenzieren. Ein weiteres mögliches Resultat dieser Studie wäre dann, lesbenfeindlicher Gewalt einen eigenen Stellenwert in dem Spektrum der Gewaltformen zuzuordnen.

Die Notwendigkeit dieser Differenzierung ergibt sich aus folgenden Beispielen: So wird angenommen, daß Schwule häufiger als Frauen Gewalt durch eine Gruppe erfahren und auch vermehrtem Waffeneinsatz begegnen. Der Täterkreis wird vor allem durch Jugendliche dominiert, die den Opfern nicht bekannt sind.[15] Bei frauenfeindlicher Gewalt treffen die Opfer eher auf Einzeltäter, wobei der Waffeneinsatz bei zirka neun Prozent liegt.[16] Auch sind die meisten Täter dem Opfer bekannt. Lesben können nun eine Position zwischen schwulenfeindlicher und frauenfeindlicher Gewalt einnehmen, da sie einerseits homosexuell und andererseits weiblich sind. Aus diesem Grunde liegt die Vermutung nahe, daß Gewalt gegen Schwule eine andere Qualität aufweist als Gewalt gegen Lesben, die oftmals Opfer wenigstens zweier Unterdrückungssysteme sind: Sexismus und Homosexuellenfeindlichkeit. Hinzu können zum Beispiel noch Behindertenfeindlichkeit, Antisemitismus oder Rassismus kommen.

Wie bereits erwähnt, gibt es in Deutschland zum Zeitpunkt dieser Veröffentlichung drei Studien zu Gewalt gegen Lesben: Diana van Oorts Studie[17], die Umfrage der Berliner Lesbenberatung[18] und die Untersuchung der Universität Bielefeld[19]. Im Rahmen einer Interpretation der Daten werde ich mich vergleichend auf diese drei Studien beziehen, ebenso auf die Arbeit von Jens Dobler zu antischwuler Gewalt und auf verschiedene Studien zu Gewalt gegen Frauen.

Im Rahmen der Diskussion um Gewalt gegen Lesben stellt sich die Frage nach der Motivation der TäterInnen. Diese kann Aufschluß darüber geben, ob die lesbische Lebensweise per se zentraler Punkt ist oder vielmehr gesellschaftliche Vorurteile, die die TäterInnen transportieren und anhand derer verschiedene Formen der Gewaltausübung „legitimiert" werden. Das heißt, daß die lesbische Lebensweise gesellschaftlichen Vorurteilen wie zum Beispiel über „Mannweiber", „kurze Haare", „selbstbewußtes Auftreten" usw. gegenübergestellt wird. Diese transportieren weniger die Ausrichtung auf eine bestimmte sexuelle Orientierung, sondern das Infragestellen bestimmter Rollenerwartungen und Stereotypisierungen. Durch das Infragestellen werden folglich auch Machtverhältnisse hinterfragt. Die Frage nach der TäterInnenmotivation führt zu der Kategorisierung lesbenfeindlicher Gewalt als Haßverbrechen und deckt deren Funktion in der Stabilisierung gesellschaftlicher Verhältnisse auf.

Nicht zuletzt soll Material darüber gesammelt werden, wie Lesben ihre Gewalterfahrungen verarbeiten und welchen Einfluß diese auf ihr Leben und ihre Identitätsfindung und -bewahrung haben. So kann nicht automatisch davon ausgegangen werden, daß jede Gewalterfahrung zu einer Traumatisierung mit beispielsweise Rückzug, Eßstörungen, Suizid o.ä. führen muß. Vielmehr wird in der modernen Psychologie angenommen, daß das Erlebnis selbst nicht zwangsläufig Ursache einer Traumatisierung sein muß, sondern diese von verschiedenen Faktoren abhängig ist, beispielsweise der Reaktion des Umfeldes auf das Geschehnis und auf die Betroffene. So kann zum Beispiel das unempathische Verhalten der Behörden bei der Vernehmung des Opfers dazu führen, daß eine Schwelle überschritten wird und erst hier die Traumatisierung einsetzt. Es stellt sich nun die Frage, ob Lesben verstärkt zu posttraumatischen Belastungsstörungen neigen, da sie mehreren Diskriminierungssystemen ausgesetzt sind und eher auf unempathisches Verhalten treffen, oder ob sie über ausreichende Strukturen und Mechanismen verfügen, die die oben beschriebenen Situationsfaktoren auffangen. Da dieses Buch jedoch primär eine soziologische Studie ist, kann auf eine solche psychologische Fragestellung nur eine eingeschränkte Antwort gefunden werden.

Von Bedeutung ist, daß durch bestimmte Fragestellungen, die sich aus dem Kontext ergeben, Forschungs- und Kenntnislücken offengelegt werden. Dies eröffnet den Weg für weitere Studien, die dringend geboten sind.

Methode

Als einen nach außen neutral wirkenden Arbeitsansatz zu dem Thema „Gewalt gegen Lesben" könnten beispielsweise die kleinen Anfragen der PDS zu „Gewalt gegen Lesben" und „Gewalt gegen Schwule" an die Bundesregierung im März 1999 betrachtet werden. Die Bundesregierung gibt diese Anfragen an die untergeordneten Behörden weiter, die wiederum feststellen, daß es einerseits keine eigene Kategorie „Homosexuellenfeindliche Gewalt" gibt und andererseits nur wenige Anzeigen den

Behörden vorliegen. Daher ergibt sich für die Bundesregierung kein Handlungsbedarf.[20] Die vorliegenden quantifizierbaren Fakten – keine Anzeigen und Anzeichen lesben- und schwulenfeindlicher Gewalt – kann die Bundesregierung nicht zu anderen Aussagen veranlassen. Es kann vermutet werden, daß aufgrund der Kenntnis des politischen Weges das Ergebnis dieser Anfragen vorhersehbar war und daher ein anderer Zweck verfolgt wurde.

Diese Problematik verdeutlicht, daß eine andere Methode der Datenerhebung gewählt werden muß, die den subjektiven Empfindungen möglicher betroffener Lesben Raum gibt. Zudem ist ein parteilicher Ansatz notwendig, denn er gewährt eine konstruktive Auseinandersetzung mit dem Thema und bietet Schutz und Sicherheit für die Betroffenen.

Aus den beschriebenen Erwägungen heraus wurden zwei Wege beschritten: In dem flächendeckenden Bundesland Hessen wurden 800 Fragebögen verteilt, von denen 87 in die Auswertung einbezogen wurden. Zum gegenwärtigen Zeitpunkt findet immer noch ein Rücklauf statt, doch aus arbeitstechnischen Gründen wurde ein Abgabetermin festgelegt. Die Verteilung erfolgte durch Versendung an Lesben- und Fraueninitiativen, durch die Weitergabe über Frauenbeauftragte und durch die Verteilung auf lesbischen Veranstaltungen. Auf die Existenz des Fragebogens wurde in diversen lesbischen Medien hingewiesen und ebenso im Internet. Die Rücklaufquote betrug 11,3 Prozent, was einen Erfolg für eine Fragebogenaktion darstellt.[21]

Ein grundsätzliches Problem aller Umfragen dieser Art – also von Stichprobenerhebungen – ist die Frage der Beurteilung bzw. der Verallgemeinerung der Ergebnisse. Wie überzeugend, wie signifikant sind die Befunde? Inwiefern lassen sich ausgehend von der Stichprobe repräsentative Aussagen über die Grundgesamtheit (also alle Lesben) treffen, bzw. inwiefern sind die Ergebnisse nicht nur Produkte des Zufalls? Im folgenden soll versucht werden, darauf einige Antworten zu geben.

Zahlen sind in einer wissenschaftsgläubigen Gesellschaft wie der unseren oft mit Objektivität und Genauigkeit, ja mit

Wahrheit verknüpft. Wir tendieren fast automatisch dazu, ihnen zu glauben.[22]

Doch gerade hier lauern viele Gefahren und Mißbrauchsmöglichkeiten.[23] Nehmen wir als Beispiel die Prozentzahlen. Die Existenz von Taschenrechnern und ihre einfache Handhabung verleiten oft dazu, auch relative Häufigkeiten (also zum Beispiel vier Befragte von 90) als Prozentzahl mit sämtlichen verfügbaren Kommastellen darzustellen (hier wären das 4.44% oder gar 4.4444%). Die Angabe vieler Nachkommastellen täuscht jedoch darüber hinweg, daß der Stichprobenumfang, N, lediglich 90 betrug und eine derartige Genauigkeit deshalb gar nicht erreichbar ist.

Warum ist das so? In der (Stichproben-)Statistik wird oft argumentiert, daß die Anzahl der Nachkommastellen nicht dazu führen darf, daß eine Auflösung – also Genauigkeit – kleiner als die kleinste Meßeinheit (hier eine befragte Person) erreicht wird. Somit ergibt sich, daß ab einem Stichprobenumfang größer als ungefähr 150 die Angabe einer Dezimalstelle gerechtfertig ist und ab ungefähr N=2000 sogar zwei Dezimalstellen.[24]

Doch wie läßt sich nun mathematisch exakter quantifizieren, ob die gefundenen Werte repräsentativ sind oder nur Produkte des Zufalls? Das geschieht durch die Angabe des Fehlers, also der Unsicherheit, mit der die gemessenen Daten, also die Umfrageergebnisse, behaftet sind. Wichtigstes Maß hierbei ist die Standardabweichung. Diese beschreibt, wie stark die Einzelwerte einer Messung um einen Mittelwert streuen, beschreibt also die Güte eines Mittelwertes. Um das Konzept der Standardabweichung zu verstehen, muß man noch einen kleinen Exkurs zur Normalverteilung machen. Die Normalverteilung dient als Modell zur Beschreibung der Streuung von zufälligen und nicht systematischen Messfehlern um ihren Mittelwert. Dabei wird angenommen, daß die meisten Datenpunkte in der Nähe des Mittelwertes liegen. Je weiter sie vom Mittelwert entfernt liegen, desto weniger Punkte sind gegeben.[25]

Die Standardabweichung beschreibt nun, wie nah oder entfernt die Punkte vom Mittelwert liegen. Eine scharfe Verteilung besitzt eine kleine Standardabweichung. Für Normalverteilungen gilt, daß 68 Prozent aller Punkte innerhalb der Entfernung von plus minus einer Standardabweichung vom Mittelwert (oder Befragten einer Stichprobe) liegen. Innerhalb von zwei Standardabweichungen befinden sich bereits 95 Prozent der Punkte. Hat man nun eine sehr breite Verteilung, braucht man folglich eine große Standardabweichung, damit auch wirklich 68 Prozent aller Befragten innerhalb dieser Grenzen liegen. Die Standardabweichung ist somit ein zentrales Maß zur Beurteilung von Mittelwerten bzw. Verteilungen, indem sie beschreibt, wie stark die Ergebnisse streuen. Nun haben statistische Größen, wie zum Beispiel die Ergebnisse von Stichproben, die Eigenschaft, daß sich ihre Genauigkeit – Normalverteilung vorausgesetzt – aus der Wurzel der Stichprobengröße N ergibt. Dies sagt nichts anderes aus, als daß je mehr Lesben befragt werden, desto größer die Wahrscheinlichkeit ist, solide Aussagen treffen zu können und nicht durch Zufall eine Untergruppe zu erwischen, die zum Beispiel besonders viel Gewalt erlebt hat.

In der vorliegenden Studie war die Stichprobengröße n=87, somit ergibt sich für die Standardabweichung 9 Befragte (oder 10%). Mit Hilfe einer Überschlagsrechnung läßt sich das wie folgt konkretisieren: Haben sechs Lesben (=7%) auf eine Frage eine bestimmte Antwort gegeben, so heißt das noch lange nicht, daß auch 7 Prozent *aller* Lesben diese Antwort geben würden. Es hätten aufgrund der statistischen, also zufälligen Schwankungen, die eine Stichprobenauswahl mit sich bringt, auch keine Lesbe (0%) oder 15 Lesben (7% + 10% =17%) diese Antwort geben können. Hier wird darüber hinaus erneut deutlich, warum es nicht sinnvoll ist, zu viele Nachkommastellen anzugeben. Die Genauigkeit beträgt nicht mehr als 9 Lesben (bei n=87), und somit ist die Angabe von 0,5 Lesben nicht nur inhaltlich, sondern auch statistisch fragwürdig.

Die Unsicherheit, ob der durch die Umfrage erzielte Wert eng mit dem tatsächlichen – aber unbekannten – Wert verbunden ist, läßt sich weiter quantifizieren mit Hilfe des 95 Prozent-Vertrauensbereichs – auch Konfidenzintervall oder Fehlerbreite genannt. Dieser gibt an, in welchem Bereich der gesuchte Parameter erwartet werden kann. Dabei ist das Konfidenzintervall gerade gleich dem Bereich innerhalb zweier Standardabweichungen, denn – wie bereits erwähnt – 95 Prozent aller Werte einer Normalverteilung liegen innerhalb von zwei Standardabweichungen.[26] Anders ausgedrückt: Das zugrundeliegende Stichprobenverfahren liefert mit 95prozentiger Wahrscheinlichkeit einen Ergebnisbereich, der in 19 von 20 Stichproben (=95%) den gesuchten Parameter (also z.B. wieviele Lesben Gewalt erfahren haben) im Mittel enthält. Würde man als Vertrauensbereich lediglich eine Standardabweichung wählen, würde man nur in 68 Prozent aller Fälle den gesuchten Parameter auch tatsächlich finden. Der Vorteil der Bereichsschätzung besteht in der Quantifizierung der Unschärfe. Als Faustregel gilt: Die Größenordnung des Konfidenzintervalls ergibt sich als Kehrwert der Wurzel der Anzahl Befragten, also 1/Sqrt(n).

Für die vorliegende Studie kann der Vertrauensbereich genauer abgeschätzt werden. Der 95 Prozent-Vertrauensbereich für eine gesuchte relative Häufigkeit (also z.B. den Prozentsatz der Lesben, die in Beziehung leben) einer Grundgesamtheit (aller Lesben in Deutschland)[27], pi (p), läßt sich in einer recht groben, aber für meine Zwecke ausreichenden Näherung[28] berechnen:

$$\frac{x}{n} - 1{,}96\sqrt{\frac{p(1-p)}{n}} \leq \pi \leq \frac{x}{n} + 1{,}96\sqrt{\frac{p(1-p)}{n}}$$

Ein Beispiel: Beantworten 57 von 87 (=66%) Lesben die Frage, ob sie in Beziehung leben, mit *Ja*, so ergibt sich nach obiger Formel für den 95 Prozent-Vertrauensbereich der gesuchten Wahrscheinlichkeit: 56 bis 76 Prozent. In 95% aller Stichprobenuntersuchungen wird sich eine Wahrscheinlichkeit innerhalb dieser Grenzen ergeben.

Umgekehrt läßt sich auch berechnen, wie viele Lesben mindestens befragt werden müssen, um eine unbekannte Wahrscheinlichkeit im 95 Prozent-Vertrauensbereich mit einer Abweichung von höchstens z.B. 10 Prozent schätzen zu können[29]:

$$n = 1{,}96^2\ p(1-p)/0{,}1^2$$

Eine Stichprobe von n=100 (bei p = 0,5) gestattet es also, einen Anteil auf etwa 10 Prozent genau zu bestimmen.

Insgesamt gesehen ist ein Stichprobenumfang von 87 groß genug, um statistisch signifikante und nicht zu unsichere Aussagen treffen zu können. Aus dem vorher Gesagten ergibt sich, daß die Genauigkeit mit größerem N steigt. In der vorliegenden Studie ist N bezüglich einzelner Fragestellungen variabel, das heißt, ist teilweise größer als 87. Somit wird bei den Ergebnissen zu einzelnen Aspekten der Themenstellung eine größere Genauigkeit erreicht. Es sei jedoch nochmals eindringlich davor gewarnt, die quantitativen Resultate dieser oder vergleichbarer Studien unkritisch und vor allem ohne Berücksichtigung von Standardabweichungen oder Vertrauensbereichen zu betrachten oder zum Beispiel relative Häufigkeiten einfach auf andere Stichprobenumfänge oder gar die Gesamtheit zu übertragen. Zahlen ohne eine Aussage über ihre Fehlerbreite bzw. ihre Ungenauigkeit sagen letztlich nicht sehr viel aus. Gerade Prozentzahlen sind zwar praktisch und auch wichtig, um zu vergleichen oder zu verdeutlichen, doch die Gefahr des Mißbrauchs ist – vor allem vor dem Hintergrund des Objektivitätscharakters von Zahlen – nicht zu unterschätzen[30]; eine Tatsache, die gerade Minderheiten immer wieder zu spüren bekommen, wenn es um Normen, Normwerte u.ä. geht.

Die Auswertung der Fragebögen erfolgt deskriptiv-statistisch, wobei auch verschiedene Korrelationen dargestellt werden. Die Korrelationen sollen Zusammenhänge zwischen beispielsweise Alter und Gewaltausübung oder geographische Verteilung und Gewalt aufzeigen.

Des weiteren wurden von einer Psychologin standardisierte Interviews geführt, die Aufschluß über die sich möglicherweise veränderte Lebensqualität und Identitätsfindung und -bewahrung von Lesben geben sollen. Drei dieser Interviews werden im dritten Kapitel vorgestellt und analysiert.

Gewaltdefinition[31]

Der Begriff der Gewalt lehnt sich an die allgemeine Definition von Johann Galtung[32] an. Demnach wird Gewalt als eine komplexe Struktur betrachtet, die das Leben von Menschen psychisch und physisch beeinträchtigt. Die Definition von Galtung beinhaltet neben personaler Gewalt ebenfalls strukturelle Gewalt, das heißt, ein von der Gesellschaft akzeptiertes Klima der Ausgrenzung, Diffamierung und Diskriminierung sowie konkrete gesetzliche Regelungen, die ebenfalls unter den Begriff der strukturellen Gewalt fallen. Lesben sind Opfer von Gewalt in dem Sinne, daß sie der Gewalt nicht passiv und hilflos ausgeliefert, sondern aufgrund ihrer Lebensweise Zielgruppe geworden sind.[33] Der Status als Opfer stellt keine Charakterbeschreibung dar, sondern eine Lebenssituation, in die sehr viele Menschen geraten können.

Physische Gewalt
Unter physischer Gewalt wird jedes körperlich aggressive Verhalten verstanden, so zum Beispiel würgen, stoßen, schlagen, treten, an den Haaren ziehen, mit der Zigarette verbrennen, mit einer Waffe drohen oder die Waffe einsetzen, zum Beispiel mit einem Messer stechen, einem Baseballschläger schlagen oder einer Pistole schießen. Einige der Waffen sind Gegenstände, die als Waffe benutzt werden (Gelegenheitswaffen), andere wiederum originäre Waffen.

Psychische Gewalt
Unter psychischer Gewalt wird die Verletzung des Vertrauens, der Integrität und Würde einer Person durch nicht körperlich aggressives Verhalten verstanden. Ziel ist, Macht und Kontrolle über eine Person zu erlangen. So stellen zum Beispiel Demütigungen, Herabsetzungen, Beleidigungen, Erpressung, Witze über Charaktereigenschaften oder verbale Angriffe einige Formen psychischer Gewalt dar.

Sexuelle Gewalt
Unter sexueller Gewalt wird die Funktionalisierung sexueller Handlungen gegenüber einer Person verstanden, mit dem Ziel, Macht und Kontrolle über sie zu erlangen, wobei sie gegen den Willen derjenigen Person geschieht, die Ziel der sexuellen Handlungen ist. So stellen Vergewaltigung, sexuelle Belästigung in Form von unerwünschter Anmache, unerwünschtem Anfassen, sexuell abfällige Bemerkungen, pornographische Darstellungen, Exhibitionismus oder beispielsweise der Zwang, gewalttätige sexuelle Phantasien anhören zu müssen, Formen sexueller Gewalt dar.

Emotionale Gewalt
Unter emotionaler Gewalt wird eine bestimmte Art der psychischen Gewalt verstanden, die auf vorhandene Kenntnisse über bereits erlebte Gewalterfahrungen oder Ängste des Opfers zurückgreift. Emotionale Gewalt setzt folglich immer ein Vertrauensverhältnis zwischen TäterIn und Opfer voraus. So kann zum Beispiel die Androhung, die betreffende Person einzusperren, eine Form von emotionaler Gewalt darstellen, wenn der Täter oder die Täterin darüber informiert ist, daß das Gefühl des Eingesperrtseins bei dem Opfer Ängste auslöst.

Teilnehmerinnenprofile

Von den 90 zurückgesendeten Fragebögen konnten 87 ausgewertet werden. Die Fragebögen, die nicht in die Wertung einbezogen wurden, stammten von heterosexuellen Frauen, die keine lesbenfeindliche Gewalt erlebt hatten.

Eigendefinition
Die überwiegende Mehrheit der Teilnehmerinnen definiert sich als Lesben (85%), gefolgt von bisexuellen Frauen mit lesbischer Präferenz (8%), Lesben mit gelegentlichem heterosexuellem Geschlechtsverkehr (5%) und schließlich von bisexuellen Frauen mit heterosexueller Präferenz (2%).

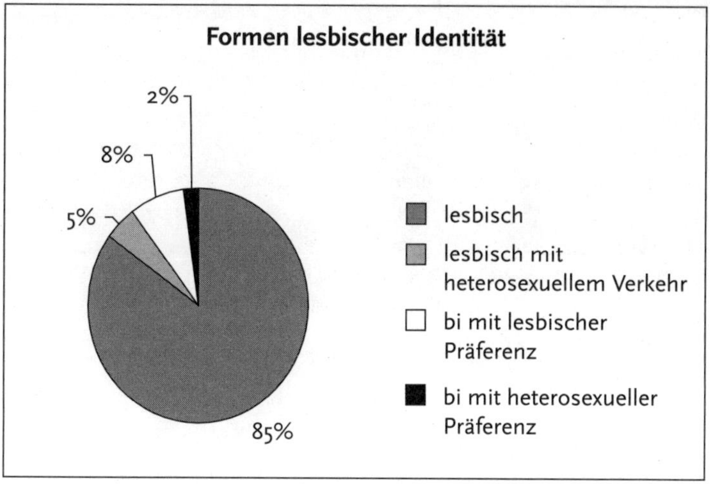

Graphik 1: Eigendefinition der Teilnehmerinnen (n=87)

Die meisten Teilnehmerinnen lebten zum Zeitpunkt der Studie in einer Beziehung (66%), wobei knapp die Hälfte mit ihrer Lebensgefährtin zusammenwohnte (49%). Zirka ein Drittel der Teilnehmerinnen waren ohne derzeitige Lebenspartnerin (32%), und 2 Prozent konnten ihren Status nicht definieren.

Die Mehrheit der Teilnehmerinnen ist kinderlos (87%). Nur 12 Prozent sind Mütter oder machten keine Angaben (1%). Dies steht sicherlich in starkem Gegensatz zu Lesben in Ostdeutschland, die derzeit noch häufiger Kinder haben als die Lesben im Westen.

Alter

Die größte Altersgruppe stellen die 30- bis 39jährigen Teilnehmerinnen (46%). Danach folgten die 20- bis 29jährigen Frauen mit 33 Prozent, die 40- bis 49jährigen Teilnehmerinnen mit 13 Prozent, gefolgt von den 50- bis 59jährigen (3%) und den unter 20jährigen (3%). Die kleinste Gruppe bilden ältere Lesben über 60 mit 1 Prozent.

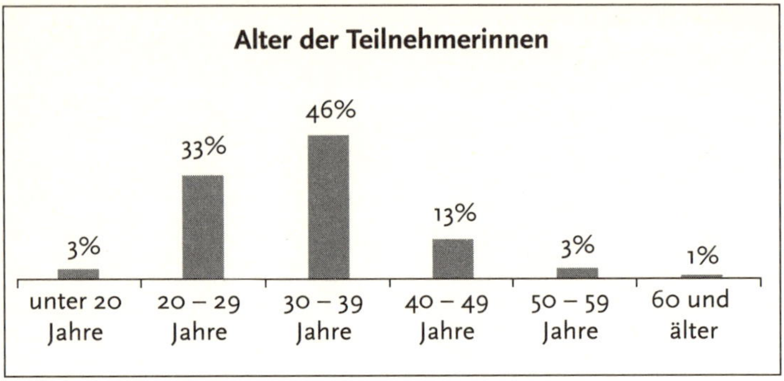

Graphik 2: Alter der Teilnehmerinnen (n=87)

Ausbildung und Beruf

Fast alle Teilnehmerinnen weisen einen hohen Bildungsstand auf und haben entweder Abitur gemacht oder an der Universität oder Fachhochschule studiert (76%) bzw. sind noch in der Ausbildung. Fast ein Drittel hat die Mittlere Reife erreicht und eine Lehre abgeschlossen bzw. befindet sich noch in der Ausbildung (21%). 1 Prozent hat den Hauptschulabschluß. 2 Prozent weisen keinen Schulabschluß oder keine Ausbildung auf. 50 Prozent sind angestellt, 2 Prozent als Arbeiterinnen tätig, und 30 Prozent befinden sich noch in der Ausbildung. 12 Prozent sind selbständig oder freiberuflich tätig. 3 Prozent der Teilnehmerinnen sind arbeitslos, 2 Prozent in Rente.

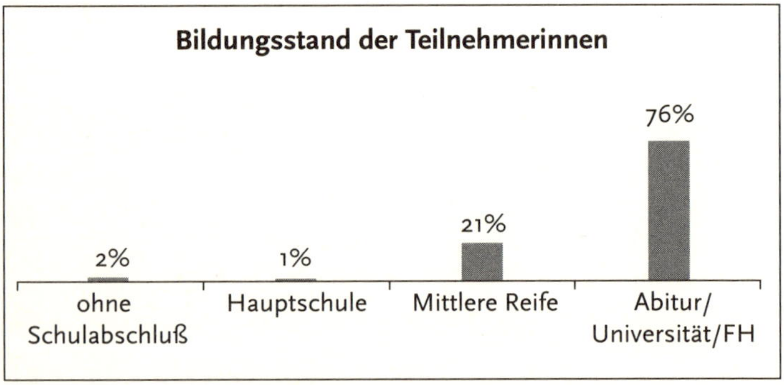

Graphik 3: Bildungsstand (n=87)

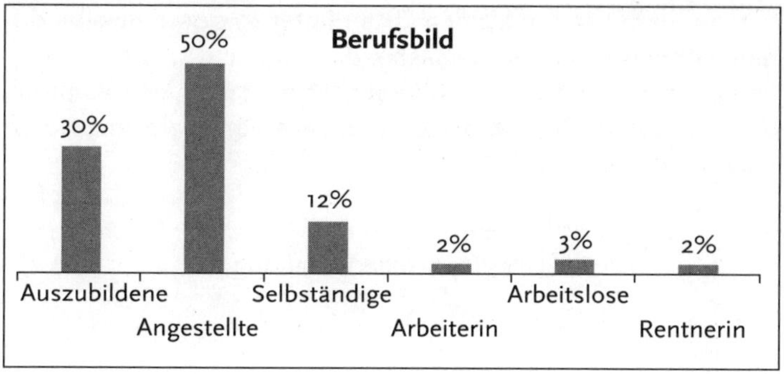

Graphik 4: Ausbildung und Beruf der Teilnehmerinnen (n=87)

Nationalität und ethnische Herkunft

Die überwiegende Anzahl der Teilnehmerinnen stammt aus Deutschland (96%), 2 Prozent aus Europa, 1 Prozent aus Nordamerika/Kanada, und 1 Prozent machten keine Angaben über ihre Herkunft. Von den 96 Prozent der Deutschen sind 1 Prozent Schwarze Deutsche.

Familienstand

Es verwundert kaum, daß die überwiegende Mehrheit der Teilnehmerinnen nicht verheiratet war oder ist (94%). Zwei Teilnehmerinnen (2%) sind verheiratet, wobei unterschiedliche Motivationen für die bestehende Ehe angegeben wurden. Weitere 4 Prozent machten keine Angaben zu ihrem Familienstand. Es ist anzunehmen, daß diese Zahlen signifikant für westdeutsche Lesben sind, da angenommen werden kann, daß in Ostdeutschland aufgrund der historischen Bedingungen relativ mehr Lesben verheiratet waren.

Stadt und Land

Die Großstadt ist für viele Lesben nach wie vor ein Anziehungspunkt, doch leben auch mehr als vermutet viele Lesben auf dem Land. So wohnen 68 Prozent der Teilnehmerinnen in einer Großstadt über 100.000 EinwohnerInnen. Die verbleibenden 32 Prozent leben außerhalb der Großstädte in eher ländlichen Gegenden. Auffallend ist, daß vergleichsweise viele Lesben auf dem Land in kleinen Orten unter 10.000 EinwohnerInnen wohnen (9%). Die Tatsache, daß zirka ein Drittel der Lesben auf dem Land wohnt, widerspricht dem gängigen Vorurteil, daß Homosexualität und Homosexuelle vor allem in Städten anzutreffen seien.

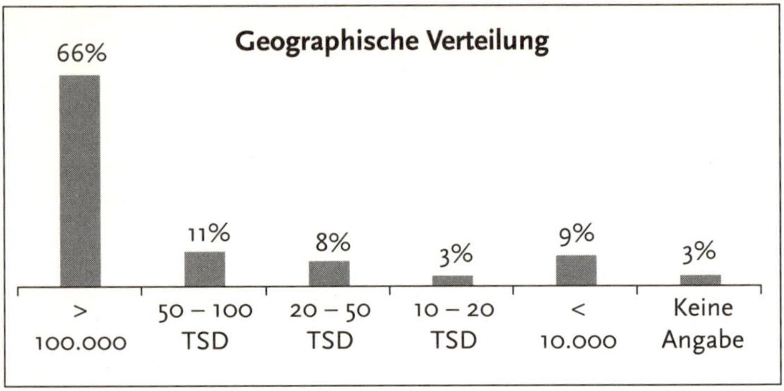

Graphik 5: Geographische Verteilung

Die geographische Verteilung ist vergleichbar mit den Daten der Studie von Diana van Oort: Zwei Drittel der befragten Frauen lebten in den Großstädten Amsterdam, Rotterdam, Den Haag und Umgebung, das verbleibende Drittel in den ländlicheren Gegenden der Niederlande. Die angegebenen Profile der Teilnehmerinnen entsprechen ungefähr denen meiner Umfrage. Die Berliner Studie weist kein derart ausdifferenziertes Teilnehmerinnenprofil auf. Die Bielefelder Untersuchung ist dagegen bundesweit angelegt, doch die meisten Teilnehmerinnen stammen aus Nordrhein-Westfalen. Die Befragten leben zu 61,3 Prozent in Großstädten, 23,1 Prozent in einer Kleinstadt und weitere 11,6 Prozent in einer ländlicheren Gegend. Der überwiegende Teil ist zwischen 31 und 40 Jahre alt, gefolgt von den 26- bis 30jährigen mit 20,1 Prozent. 2,4 Prozent sind nichtdeutscher Herkunft. 41,6 Prozent sind Angestellte, 28,5 Prozent befinden sich noch in der Ausbildung. 30,5 Prozent haben das Abitur, weitere 38,4 Prozent einen Hochschulabschluß. 48,3 Prozent der Teilnehmerinnen haben eine Partnerin, wobei 30,9

Prozent mit ihrer Partnerin zusammenwohnen. Der Anteil lesbischer Mütter wird mit 9,1 Prozent angegeben. Damit entspricht das Teilnehmerinnenprofil der Bielefelder Erhebung ebenfalls der vorliegenden Studie.

Interpretation

Bei dem erstellten Teilnehmerinnenprofil stellt sich zu Recht die Frage nach der Allgemeingültigkeit der Stichprobe, das heißt, ob anhand des vorhandenen Datenmaterials Aussagen zu treffen sind, die repräsentativ für die Mehrheit der Lesben sind.

Die Fragebögen erreichten vor allem weiße Lesben, die entweder ein Studium absolviert haben oder noch studieren. Die meisten sind erwerbstätig, sei es als Angestellte oder als Freiberuflerin. Viele Teilnehmerinnen sind zwischen 30 und 39 Jahre alt, leben in einer Beziehung, ordnen sich der Mittelschicht zu und befinden sich offensichtlich in recht stabilen sozialen Gefügen. Deutlich wird, daß Minderheiten in der Minderheit, also beispielsweise Lesben mit Behinderungen, Schwarze, migrierte oder jüdische Lesben usw. in der Studie unterrepräsentiert sind. Dieses Manko konnte nur bedingt behoben werden, indem von Martina Puschke in Kapitel IV exemplarisch das Thema der Gewalt gegen Lesben mit Behinderungen aufgegriffen wird.

Das vorliegende Teilnehmerinnenprofil kann dennoch für weiße, christlich sozialisierte Lesben, die in Deutschland leben, als repräsentativ betrachtet werden.

KAPITEL 4

Quantitative Analyse

Lesbenfeindlich motivierte Gewalttaten im Vergleich zu nicht-lesbenfeindlich motivierten Gewalttaten

Daten

78 Prozent der Teilnehmerinnen gaben an, von lesbenfeindlicher Gewalt betroffen gewesen zu sein.[34] 22 Prozent gaben an, keine lesbenfeindliche Gewalt erlebt zu haben. Allerdings haben von diesen ein Drittel Gewalt aufgrund anderer Merkmale erfahren. Von den Lesben wiederum, die Opfer lesbenfeindlicher Gewalt wurden, sind 79 Prozent zusätzlich von Gewalt aufgrund weiterer Faktoren betroffen.[35] Die am häufigsten genannten Formen der zusätzlichen Gewalt sind Sexismus (70%), gefolgt von Diskriminierung aufgrund des Körpergewichts (19%), aufgrund der Körpergröße (4%) und aufgrund von Religionszugehörigkeit, Behinderung, Nationalität oder Hautfarbe mit jeweils 2 Prozent. Diese Daten spiegeln die Profile der Teilnehmerinnen wider.

Von den Teilnehmerinnen, die lesbenfeindliche Gewalt erlebt haben, konnten zwei Drittel die Frage, ob sie Opfer einer lesbenfeindlich motivierten Gewalttat wurden, eindeutig bejahen. Ein Drittel jedoch hat diese Frage für sich verneint, allerdings lesbenfeindliche Gewaltformen im Fragebogen aufgeführt.

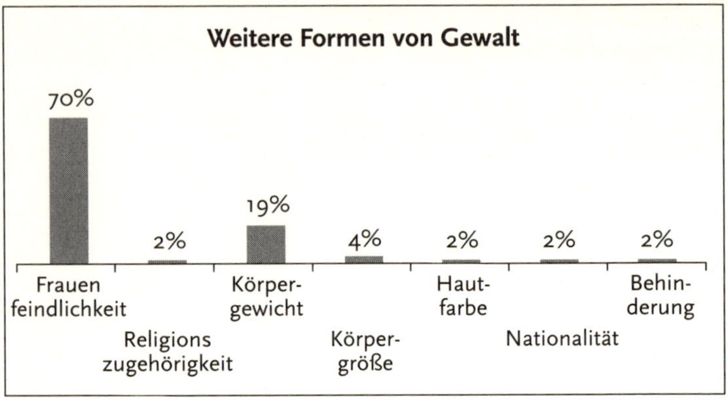

Graphik 6: Weitere Formen von Gewalt

Vergleich

US-amerikanische Studien gehen davon aus, daß zwischen 50 und 60 Prozent der Lesben von lesbenfeindlicher Gewalt betroffen sind.[36] Die Berliner Studie gibt dazu keine Auskunft; Diana van Oort differenziert nach Tatorten: So haben 78,8 Prozent der Teilnehmerinnen (sexuelle) Gewalt auf der Straße und im Freizeitbereich erlebt, 34,5 Prozent im Wohnumfeld, 34,7 Prozent am Arbeitsplatz, 27,9 Prozent in der Schule und 23,7 Prozent im Gesundheitsbereich (Van Oort 1991, S. 40ff.). Die Bielefelder Studie wiederum differenziert nach Art der Gewalt. Es wird festgestellt, daß 98 Prozent der befragten Lesben Erfahrungen mit abwertenden Bemerkungen, Beleidigungen usw. haben. 43 Prozent der Befragten haben sowohl verbale als auch körperlich sexualisierte Übergriffe erlebt. 24 Prozent geben weitere körperliche Angriffe und Bedrohungen im nicht sexuellen Bereich an (Stein-Hilbers 1999, S. 181). Ein Vergleich mit anderen Motivationen (z.B. Frauenfeindlichkeit) wird nicht getroffen.

Interpretation

Die Daten lassen den Schluß zu, daß die betroffenen Lesben die Motivation des Täters genau differenzieren und die Angriffe zum einen auf ihre lesbische Lebensweise und zum anderen beispielsweise auf ihr Geschlecht oder ihre körperliche Statur zurückführen konnten. Der relativ hohe Prozentsatz von Lesben mit lesbenfeindlicher Gewalterfahrung läßt sich dadurch erklären, daß Lesben mit Gewalterfahrung eher den Fragebogen ausfüllen und zurücksenden als Lesben ohne Gewalterfahrungen. Dennoch kristallisierte sich eine Gruppe heraus, die zwar eindeutige Erfahrungen mit lesbenfeindlicher Gewalt gemacht haben, diese für sich jedoch nicht so benennen konnten oder wollten.

Für die Phänomene der Verdrängung und/oder Verleugnung von Gewalterfahrungen gibt es verschiedene Erklärungsansätze, die unterschiedliche Mechanismen beschreiben: Zum einen kann durch die Alltäglichkeit der Diskriminierung eine Desensibilisierung stattfinden. Je alltäglicher eine Gewalterfahrung ist, desto größer die Wahrscheinlichkeit, daß sie nach einem gewissen Zeitraum nicht mehr als Gewalterfahrung wahrgenommen wird. Statt dessen ist sie Bestandteil der „Normalität" geworden. Dies läßt vermuten, daß einige Lesben die erlebte Gewalt nicht als solche definiert haben. Das betrifft besonders die Bereiche nicht-körperlicher Gewalt und alltäglicher Diskriminierung, wie zum Beispiel „Lesbe" als Schimpfwort, sonstige verbale Herabsetzungen oder auch nicht-körperliche Formen sexueller Belästigung, zum Beispiel unerwünschte Anmache oder die Aufforderung nach sexuellem Entgegenkommen. Ein zentraler Punkt der Desensibilisierung ist die Herabsetzung der Wehrfähigkeit. Je mehr etwas als Bestandteil der Normalität wahrgenommen wird, desto weniger wird diese Handlung als Gewalt definiert und ihr etwas entgegengesetzt.

Das führt zu einem weiteren Erklärungsansatz, dem der internalisierten Homophobie. Lesben wachsen in einem soziokulturellen Gefüge auf, in dem Homosexualität nach wie vor negativ bewertet ist. Unsere gesellschaftliche Ordnung wird weiterhin durch ein einfaches System von Zugehörigkeit und Ausschluß, Belohnung und Sanktion aufrechterhalten. Diejenigen, die sich durch ihre Entscheidung für einen nicht der Norm entsprechenden Lebensentwurf entscheiden, werden an den Rand dieser Gesellschaft gedrängt, und ihr Verhalten wird sanktioniert. Die gesellschaftlichen Werte mit der heterosexuellen Lebensform als zentrale Norm haben Lesben verinnerlicht; sie haben ebenso die negativen Werte gegenüber ihrer lesbischen Lebensweise internalisiert. Nun kann ein Teufelskreis einsetzen: Einige Lesben entwickeln nicht nur ein negatives Selbstbild, sondern auch Schuldgefühle. Sie halten sich für das, was ihnen angetan wird, verantwortlich.

Ein ähnlicher Mechanismus ist aus der Diskussion über sexistische Gewalt bekannt. Viele Frauen haben die gesellschaftlichen Normen und Werte von Weiblichkeit verinnerlicht und geben sich selbst die Schuld an der Gewalterfahrung, die ihnen widerfährt: „Wie kann man nur so dumm sein und mit einem fremden Mann alleine in Urlaub fahren. Da muß doch was passieren. Da bin ich doch selbst Schuld dran!" Bei dieser Argumentation wird vergessen: Egal welchen Fehler Frauen begehen mögen, hat kein Mann das Recht, sie zu vergewaltigen oder ihnen etwas anderes anzutun. Durch verinnerlichte Homophobie, verinnerlichten Sexismus oder zum Beispiel bei Schwarzen Frauen verinnerlichten Rassismus werden Opfer erzeugt, die perfekt „funktionieren": Es bedarf letztlich keines aktiven Täters mehr, um Lesben, Frauen und Schwarze in ihren Rollen zu halten. Eigene Schuldzuweisungen lähmen die Wehrfähigkeit.

Ein weiterer Erklärungsansatz kann darin bestehen, daß Lesben versuchen, für sich einen Lebensraum zu schaffen, das heißt, ein Umfeld zu kreieren, in dem sie sich sicher und geborgen fühlen. Gewalterfahrungen, die nicht Leib und Leben betreffen, werden „unterbewertet" und verschwinden von der Skala der Gewalterfahrung. Würde eine Lesbe bzw. eine Frau sich das Potential möglicher Gewalt vergegenwärtigen, vor allem das Potential, das in ihrem Nahraum geschieht, hätte dies einen sehr starken Einfluß auf ihr Sicherheitsgefühl. Das Phänomen der Verdrängung und/oder Verleugnung alltäglicher Diskriminierung und Gewalterfahrung ist ebenfalls aus der Diskussion über Gewalt gegen Frauen bekannt. Viele Frauen erkennen Gewalt erst dann als solche, wenn es sich um physische Gewalt handelt. Das kann zwar auch noch geleugnet werden, allerdings nicht mehr so einfach wie Formen nicht-körperlicher Gewalt. So wird psychische Gewalt häufig zwar als Grenzüberschreitung empfunden, nicht jedoch als Gewalt.

Die aufgeführten Ansätze betonen sehr stark gesellschaftliche Machtverhältnisse und deren Konstruktion bzw. Aufrechterhaltung. Neben diesen Ansätzen gibt es selbstverständlich noch weitere, die eher auf der persönlichen Ebene versuchen, mögliche Erklärungen für die Mechanismen der Verdrängung und Verleugnung zu finden. Unbewußte Mechanismen spielen dabei eine große Rolle, wobei deren Offenlegung das Ziel haben kann, die Eigenverantwortung zu stärken.

Meines Erachtens müssen jedoch erst gesellschaftliche Zusammenhänge aufgedeckt und dargestellt werden, um den Opferstatus betroffener Lesben zu sichern. Lesben werden aufgrund gesellschaftlicher Diskriminierungsstrukturen und weniger aufgrund persönlicher Veranlagung zu Opfern. Persönliche Verhaltensmechanismen oder andere Dispositionen können eine Rolle bei der Verinnerlichung von Opferstrukturen spielen; eine Auseinandersetzung sollte jedoch erst in einem zweiten Schritt erfolgen, denn sonst kann dies allzu leicht dazu verleiten, die Verantwortlichkeit ganz in die Hände der betroffenen Opfer zu legen.

Häufigkeit lesbenfeindlicher Gewalterfahrung

Daten

Bei der Häufigkeit der Übergriffe bezieht sich die Datenbasis auf 68 Fragebogen (78% von 87). Die verbleibenden 19 Teilnehmerinnen machten zu diesem Punkt keine Angaben. 29 Prozent gaben an, innerhalb der letzten fünf Jahre durchschnittlich zwei- bis dreimal lesbenfeindliche Gewalt erlebt zu haben. Weitere 18 Prozent wurden einmal angegriffen. 15 Prozent erfuhren in den vergangenen fünf Jahren mehr als neunmal Gewalt aufgrund ihrer Lebensweise. Sieben Prozent vier- bis sechsmal und drei Prozent zwischen sieben- und neunmal. 28 Prozent machten keine genaueren Angaben. Diese wurden mit jeweils einem Vorfall belegt, da sie mindestens einen Fall angaben. Die aufgeführten Werte beruhen auf einer Mittelung der angegebenen Werte, da die Fragestellung innerhalb der Erhebung keine eindeutigen Werte zuließ. Einmal wurde als dasselbe gewertet, ein- bis dreimal als zwei gemittelt, vier- bis sechsmal als fünf gemittelt, sieben- bis neunmal als acht gemittelt und bei mehr als neun Fällen wurden zehn angenommen. Dies ergibt in der Gesamtsumme einen mittleren Schätzwert von mindestens 212 Vorfällen, die die Teilnehmerinnen erlebt und dokumentiert haben.

Vergleich

In der Berliner Studie waren zum Zeitpunkt der Veröffentlichung 84 Fälle dokumentiert. Die Fragebögen waren so angelegt, daß pro Fragebogen nur ein Fall aufgeführt werden konnte. In der Bielefelder Umfrage werden keine expliziten Angaben gemacht, wie häufig einzelne Lesben mit Gewalt konfrontiert waren. Quantifiziert wird nach den unterschiedlichen Formen der Gewalt (verbale und psychische Gewalt, physische Gewalt, sexualisierte Gewalt). In dem von mir angelegten Fragebogen konnten mehrere Fälle angegeben werden, wobei die Teilnehmerinnen sich jedoch im weiteren Verlauf auf einen zentralen Übergriff beschränken mußten. Diese Diskrepanz erschwerte zwar die Auswertung, aber nur auf diesem Wege war es möglich, einen adäquaten Überblick über das Ausmaß der Gewalt zu erhalten.

Die Anzahl betroffener Lesben

Daten

In 63 Prozent der Fälle war mehr als eine Person von dem Übergriff betroffen.[37] 18 Prozent der Teilnehmerinnen machten zu diesem Punkt keine Angaben. Weitere 19 Prozent waren zum Zeitpunkt des Übergriffs laut Aussage alleine.[38]

Bei den Übergriffen auf eine Gruppe waren die betroffenen Lesben in 64 Prozent der Fälle zu zweit. In diesen Situationen handelte es sich meistens (89%) um die derzeitige Partnerin. In 7 Prozent der Fälle waren die betroffenen Lesben in einer Gruppe zu drei Personen, in 13 Prozent der Fälle in einer Gruppe von drei bis fünf Personen und in 15 Prozent der Fälle in einer Gruppe von mehr als fünf Personen.

Bei der quantitativen Bestimmung der Opferanzahl wurden diejenigen Teilnehmerinnen, die keine detaillierten Angaben machten, mit jeweils einer Person belegt, da zumindest die ausfüllende Teilnehmerin betroffen war. Die quantitative Bestimmung der summierten Werte der betroffenen Lesben muß sich aus folgenden Faktoren zusammensetzen: Häufigkeit der Angriffe und Anzahl der jeweils betroffenen Lesben. In 68 Fragebogen wurden mindestens 212 Fälle lesbenfeindlicher Gewalt dokumentiert, von denen mindestens 468 Lesben betroffen waren.

Vergleich

Die Berliner Studie gibt an, daß in 94 Prozent der Angriffe mehr als eine Lesbe betroffen war[39], wobei 78 Prozent der Opfer zu zweit waren und 16 Prozent in einer Gruppe auftraten. Weder die Umfrage von Diana van Oort noch die Bielefelder Studie hat zu diesem Aspekt Angaben gemacht. Im Vergleich zur Berliner Untersuchung ergibt sich ein signifikanter Unterschied, da beide Konfidenzintervalle keine Überschneidung aufweisen.

Interpretation

Ein möglicher Erklärungsansatz für den Unterschied (63% vs. 94%) wäre, daß im Gegensatz zu Berlin zirka ein Drittel (33%) der hessischen Lesben auf dem Land leben. Dort ist die Vereinzelung größer als in der Stadt. Das Freizeitangebot für Lesben ist ebenfalls geringer. Das bedeutet, daß sich Lesben auf dem Land seltener in Gruppen im öffentlichen Raum bewegen. Auffallend ist, daß die meisten Angriffe, die gegen eine Gruppe von Lesben gerichtet sind, in den Großstädten stattfinden: 80 Prozent der Angriffe gegen eine Gruppe von drei und mehr Lesben fand in der Großstadt statt. In den verbleibenden Fällen konnte keine eindeutige Zuordnung geleistet werden.

Auf dem Land werden Lesben eher als Einzelpersonen oder in Begleitung ihrer Partnerin bzw. einer Person, die für die Lebenspartnerin gehalten wird, angegriffen. Offensichtlich treten Lesben auf dem Land seltener als Gruppe an die Öffentlichkeit. Dies läßt sich zum einen sicherlich mit einer mangelnden Infrastruktur erklären und zum anderen damit, daß Lesben in Städten oftmals eine ausgeprägte Subkultur aufweisen und daher die sozialen Kontakte untereinander größer sind. In 71

Prozent der Angriffe waren die Lesben in Begleitung ihrer Partnerin bzw. einer Person, die für ihre Partnerin gehalten wurde. In den verbleibenden 29 Prozent waren sie alleine.

Der Wohnort als Tatort

Daten

Das oben aufgeführte Beispiel verdeutlicht noch einmal die Notwendigkeit der Differenzierung zwischen Lesben in der Stadt und Lesben auf dem Land. Offensichtlich definiert die Wahl des Wohnortes in einem gewissen Maß die Umstände und Formen der Diskriminierung, der Lesben ausgesetzt sein können.

Von den auf dem Land lebenden Lesben haben 74 Prozent Erfahrungen mit lesbenfeindlicher Gewalt gemacht, wobei in 30 Prozent der Fälle der Tatort *nicht* dem Wohnort entsprach. In diesen Fällen kann vermutet werden, daß die Lesben an Orten angegriffen wurden, an denen es eine homosexuelle Infrastruktur gibt, also zum Beispiel in der Großstadt. Bei den verbleibenden 70 Prozent entsprach der Tatort jedoch dem Wohnort.

Von denjenigen, die in der Großstadt leben, entsprach in 19 Prozent der Fälle der Tatort *nicht* dem Wohnort, das heißt, in über 81 Prozent der Fälle entspricht der Tatort dem Wohnort. Dies ergibt einen gewichteten Mittelwert von 77 Prozent, der besagt, daß Lesben zu drei Viertel dort angegriffen werden, wo sie leben, eine Infrastruktur aufgebaut haben und sich zu Hause, wohl und sicher fühlen möchten.[40]

Vergleich

Die Unterscheidung zwischen Stadt und Land ist notwendig, da angenommen werden kann, daß die Gewalt auf dem Land eine andere Qualität aufweist als in der Stadt. Finden in der Stadt beispielsweise vermehrt Gruppenangriffe statt, das heißt, die Täter treten in Gruppen auf, beinhaltet dies eine andere Dynamik als vergleichsweise eine abwertende Bemerkung durch eine Einzelperson.

In der Berliner Studie ist kein Hinweis auf ortsfremde Gewalterfahrungen – zum Beispiel im Urlaub – gegeben. Da Berlin zudem kein flächendeckendes Bundesland ist, kann davon ausgegangen werden, daß der Tatort dem Wohnort entspricht. Demnach spiegeln die Berliner Daten die Lebens- und Gewaltverhältnisse von Lesben in der Großstadt wider. In der Bielefelder Umfrage findet die Unterscheidung zwischen Stadt und Land zwar Eingang bei den Teilnehmerinnenprofilen, in der weiteren Auswertung wird jedoch keine Differenzierung gemacht. Die Studie von David Comstock belegt, daß Lesben und Schwule zu 79 Prozent in Städten, 12 Prozent im Umland und nur 9 Prozent auf dem Land angegriffen werden.[41] Diese Daten bilden jedoch keine direkte Vergleichsbasis, da die geographische Struktur in den USA nur in wenigen Fällen mit den geographischen Verhältnissen in Deutschland vergleichbar ist. Dennoch bleibt die Tatsache auffallend, daß Lesben und Schwule eher in den Städten angegriffen werden.

Interpretation
Die Tatsache, daß der Tatort meist dem Wohnort entspricht, deutet auf eine mögliche Verbindung zwischen Sichtbarkeit und damit Angreifbarkeit hin. Lesben werden dort angegriffen, wo ihre Lebensweise sichtbar ist, und dies ist meist dort, wo sie sich eine Infrastruktur aufgebaut haben. Das bedeutet im Umkehrschluß jedoch nicht, daß Unsichtbarkeit einen Schutz vor Angriffen bietet. Denn entscheidend ist, wie im folgenden noch zu sehen sein wird, die subjektive Wahrnehmung des Täters und nicht der Lebensstil als solcher.

Physische Gewalt

Daten
Von den 427 dokumentierten Übergriffen betrafen 61 Fälle körperliche Gewalt[42], was einem Prozentsatz von 14,3 entspricht.[43] Die häufigsten Formen physischer Gewalt[44] waren mit 16 Prozent das Bewerfen mit Gegenständen, gefolgt von Stoßen mit 15 Prozent und Schubsen mit 13 Prozent. 10 Prozent der Lesben wurden verfolgt, sechs Prozent wurde der Schlaf entzogen. Weitere 6 Prozent der Lesben wurden mit einer Waffe bedroht.

Jeweils 5 Prozent der betroffenen Lesben wurden mit der flachen Hand oder der Faust geschlagen und jeweils 2 Prozent gewürgt, ihre Kleidung zerrissen, ihre Haustiere gequält oder erhielten einen Ellenbogenstoß.

Vergleich

In der Berliner Studie werden als häufigste Formen körperlicher Gewalt mit 23 Prozent Festhalten, Bedrohen und/oder Schubsen angegeben. In 18 Prozent der Fälle führte dies zu schweren körperlichen Verletzungen. In der von mir ausgewerteten Umfrage waren in 8 Prozent der Fälle die Verletzungen so schwer, daß ein Arzt aufgesucht werden mußte und die Opfer für einen Zeitraum krank und/oder arbeitsunfähig waren. Der Angriff mit den schwersten körperlichen Folgen fand von einer bewaffneten Gruppe statt. In der Bielefelder Studie wird angegeben, daß jede zehnte Lesbe in der Öffentlichkeit körperlich angegriffen wurde: Bei 8 Prozent der befragten Lesben wurde persönliches Eigentum beschädigt, 5,5 Prozent wurden mit Gegenständen beworfen und 4,6 Prozent wurden geschlagen. Raub, Erpressung und körperliche Verletzungen wurden von 2 Prozent der Befragten aufgeführt. In der Öffentlichkeit hat bereits jede fünfte Lesbe körperliche Angriffe und Bedrohungen erlebt (Stein-Hilbers 1999, S. 137). In der Umfrage von Jens Dobler wird zu körperlicher Bedrohung, Anrempeln und Anpöbeln ein Prozentsatz von 22,9 angegeben (Dobler 1996, S. 32). Bei dem Tatbestand der Körperverletzung wurde angegeben, daß 8,5 Prozent der Befragten einen oder mehrere Fälle von Übergriffen erlebt hatten, die diesen Tatbestand erfüllen (Dobler 1996, S. 35). Darüber hinaus wußten 32,9 Prozent der Befragten von Freunden oder Bekannten, die überfallen worden waren.

Auffallend bei physischer Gewalt ist der hohe Einsatz von Waffen mit 6 Prozent.[45] Auch bei der Studie von Susanne Paul trafen in 8,7 Prozent der Fälle die Frauen auf einen bewaffneten Angreifer, wobei die Mehrzahl der Täter eine Stichwaffe (Messer) mit sich führte.[46] Bewaffnete Angriffe gab es nur bei Einzelpersonen, die 91,3 Prozent der Täter ausmachten. In der vorliegenden Studie wird ein bewaffneter Angriff mit Baseballschlägern durch eine Gruppe dokumentiert. Die restlichen bewaffneten Angriffe fanden ebenfalls durch Einzeltäter statt. Die ermittelten Daten geben keinen Aufschluß über signifikante Unterschiede bezüglich des Einsatzes von Waffen bei frauenfeindlicher oder lesbenfeindlicher Gewalt. Bezüglich des Waffeneinsatzes macht die Bielefelder Studie keine Angaben.

In der Umfrage von Jens Dobler wird nur im Zusammenhang mit Körperverletzung eine Aussage zum Waffeneinsatz getroffen: Demnach wurden in sechs von 27 Fällen Waffen eingesetzt, was 22 Prozent entspricht.[47] Nach der Studie von David Comstock wurden durchschnittlich 8 Prozent der Lesben und Schwulen mit einer Waffe angegriffen (Comstock 1991, S. 39).

Interpretation

Gerade im Vergleich zu der Bielefelder Untersuchung wird deutlich, daß die Schwerpunkte der Studien unterschiedlich gelagert sind: So beziehen sich die Berliner und die vorliegende Umfrage vorrangig auf den öffentlichen Raum, während die Bielefelder Studie verstärkt den familiären Bereich einbezieht.

Die genannten Daten ergeben kein einheitliches Bild bezüglich des Waffeneinsatzes gegenüber Lesben und Schwulen. Die Anzahl der bewaffneten Angreifer bei frauenfeindlicher und lesbenfeindlicher Gewalt stimmen im Rahmen der Konfidenzintervalle überein, während schwulenfeindliche Gewalt aus diesem Intervall herausfällt. Es kann also festgestellt werden, daß Schwule häufiger als Lesben und andere Frauen mit einer Waffe angegriffen werden. Es besteht jedoch kein signifikanter Unterschied zwischen dem Waffeneinsatz gegenüber Lesben und Frauen. Das Problem bei der Auswertung ist, daß bei Untersuchungen wie der von Susanne Paul nicht zwischen Lesben und heterosexuellen Frauen unterschieden wurde und so keine qualitative Aussage diesbezüglich zu treffen ist. In der vorliegenden Studie kann aufgrund der gegebenen Daten kein signifikanter Unterschied festgestellt werden. Es gibt jedoch Erfahrungen aus der Praxis, die darauf hindeuten, daß Lesben mit einem erhöhten Waffeneinsatz zu rechnen haben. Da die Forschungsergebnisse in dieser Hinsicht keine Signifikanzen aufweisen, kann diese Erfahrung zum gegenwärtigen Zeitpunkt weder bestätigt noch widerlegt werden.

Die Funktion einer Waffe kann darin bestehen, potentielle Opfer zu töten. Eine weitere Möglichkeit besteht jedoch im Abschreckungspotential einer Waffe, die nicht zwangsläufig zum Töten eingesetzt wird, sondern um dem Täter mehr Macht zu geben. Daher stellt sich die Frage, in welcher Situation Waffen eingesetzt werden und welches Bild der Täter von seinem potentiellen Opfer hat. Männer, die eine Frau unter der Annahme angreifen, daß es sich um eine dem gängigen Stereotyp entsprechende Frau handele, erwarten keine oder nur geringe Gegenwehr. Die Täter sind sich ihrer physischen und psychischen Überlegenheit derart sicher, daß sie nicht davon ausgehen, es könne eines Hilfsmittels in Form einer Waffe bedürfen, um das potentielle Opfer unter ihre Macht und Kontrolle zu zwingen. Es findet eine Zuschreibung statt, wie sich eine Frau, die zum Opfer wird, zu verhalten hat: passiv, ohnmächtig, wehrlos, handlungsunfähig, leidend. Aufgrund dieser Zuschreibung ist der Waffeneinsatz gegenüber Lesben und anderen Frauen relativ gering, was ihn, das sei an dieser Stelle betont, jedoch keinesfalls ungefährlich macht.

Innerhalb einer Gruppe kann der Besitz einer Waffe noch eine weitere Funktion erfüllen, die weniger über eine dritte Person, das heißt eine/n vermeintliche/n GegnerIn, definiert wird, sondern mehr über den Status innerhalb der Gruppe. So kann der Besitz einer Waffe innerhalb einer Gruppe ein Statussymbol darstellen; Status ist selbstverständlich eng mit Macht verbunden. Mehrere bewaffnete Täter bedeuten unbestritten auch für die erfahrenste Selbstverteidigungslehrerin eine Herausforderung.

Grundlegend muß unterschieden werden, ob das Vorhandensein einer Waffe zur Einschüchterung des potentiellen Opfers dient oder ob die Waffe tatsächlich eingesetzt werden soll. Es kann davon ausgegangen werden, daß bei frauenfeindlicher Gewalt nur ein geringer Prozentsatz der bewaffneten Täter vorhat, sie auch tatsächlich einzusetzen. Das primäre Ziel ist, das potentielle Opfer, wie bereits erwähnt, unter Kontrolle zu bekommen und Macht auszuüben. Wenn der Angreifer mit der Waffe hätte töten wollen, hätte er dies sehr wahrscheinlich schon getan. In einer Studie von Pauline Bart und Patricia O'Brien wird ein Grundprinzip der Selbstverteidigung deutlich: Potentielle Opfer – in diesem Fall Frauen – können entkommen, wenn sie sich zur Wehr setzen. 44 Prozent der befragten Frauen leisteten gegen einen bewaffneten Täter Widerstand und konnten so ihre Vergewaltigung verhindern.[48] Eine Waffe sollte betroffene Lesben und andere Frauen folglich nicht davon abhalten, sich sofort zu verteidigen. Tatsache ist, je mehr Zeit die Opfer mit den Tätern verbringen, desto größer ist das Risiko, zum einen an einen Platz verschleppt zu werden, der für den Täter sicherer ist, und zum anderen getötet zu werden.[49]

Psychische Gewalt

Daten

Insgesamt wurden 257 Fälle von psychischer Gewalt dokumentiert[50], was einem Anteil von 60,2 Prozent entspricht. Verbale Angriffe wurden als Bestandteil der psychischen Gewalt aufgeführt. Die negative Besetzung des Wortes „Lesbe" war mit 16,7 Prozent neben einer abwertenden Sprache mit 14 Prozent die häufigste Form verbaler Gewalt. Eine weitere Kategorie der verbalen Gewalt stellen Witze dar. So wurden in 8,6 Prozent der Fälle Witze über die Lebensweise von Lesben gemacht. An vierter Stelle kam die Androhung von körperlicher Gewalt mit 7,8 Prozent, gefolgt von Beleidigungen vor FreundInnen (7,4%) und Demütigungen vor FreundInnen (6,6%). Danach kamen Beleidigung vor Fremden (5,8%), Herabsetzen vor Fremden (5,5%) und mit jeweils 4,7 Prozent das Herabsetzen vor FreundInnen, Witze über Charaktereigenschaften von Lesben und das Infragestellen der Integrität von Lesben. Auch wurde die berufliche Kompetenz von Lesben in Frage gestellt (2,7%) und ebenso die mütterliche Kompetenz (2,3%).

Vergleich

Bei der Auswertung der Berliner Studie wird die Gesamtzahl der Angriffe als Bezugsgröße genommen. In 59,5 Prozent der Fälle

Art der Gewalt	Prozent
Lesbe als Schimpfwort	16,7
Abwertende Sprache	14,0
Witze über die Lebensweise	8,6
Androhung von körperlicher Gewalt	7,8
Beleidigung vor FreundInnen	7,5
Demütigung vor FreundInnen	6,6
Beleidigung vor Fremden	5,8
Herabsetzung vor Fremden	5,4
Herabsetzung vor FreundInnen	4,7
Witze über den Charakter von Lesben	4,7
Infragestellen der Integrität	4,7
Telefonterror	3,5
Infragestellen beruflicher Kompetenz	2,7
Infragestellen mütterlicher Kompetenz	2,3
Androhung zu Outen	2,3
Demütigung vor Fremden	1,6
Versuchte Erpressung	0,8
Vollzogene Erpressung	0,4

Tabelle 1: Häufigkeit der psychischen Gewalt

waren Lesben verbalen Beschimpfungen ausgesetzt. Eine weitere Differenzierung hinsichtlich psychischen Formen der Gewalt wird nicht vollzogen. Die Bielefelder Umfrage erfaßt psychische und verbale Gewalt in einer Rubrik. Mehr als jede zweite Teilnehmerin hat Erfahrungen mit dem Verschweigen ihrer lesbischen Lebensweise. Die Hälfte der Befragten kennt herablassende Äußerungen. Etwa 40 Prozent der Lesben wurde Abnormalität und/oder Kuriosität unterstellt. Jede Dritte kennt Beschimpfungen, Beleidigungen und Anpöbeleien. Herablassende Witze und Kontaktabbrüche wurden von jeder vierten bzw. fünften Befragten angegeben. Die Bielefelder Studie differenziert weiterhin zwischen den sozialen Kontexten, in denen die Gewalt ausgeübt wurde. So stellt sie fest, daß die meiste verbale und psychische Gewalt mit 78,1 Prozent im familiären Bereich stattfindet (Stein-Hilbers 1999, S. 133).

Interessant ist in diesem Punkt auch die Untersuchung von David Comstock, der belegt, daß eine abwertende Sprache eher gegenüber Lesben und anderen Frauen verwendet wird als gegenüber Schwulen. Jens Dobler gibt als Formen psychischer Gewalt Beleidigung, Bedrohung/Nötigung, Androhung von körperlicher Gewalt und Erpressung an. Seine Befragung in Niedersachsen ergab folgendes Bild:

30,8 Prozent der Befragten hatten Freunde oder Bekannte, die beleidigt wurden; 9,4 Prozent waren Zeuge einer antischwulen Beleidigung, in 3 Prozent der Fälle war der Partner beleidigt worden, und 53 Prozent der Befragten waren selbst schon einmal Opfer einer verbalen Beleidigung. 3,9 Prozent hatten bereits Drohbriefe oder Drohanrufe erhalten, und 6 Prozent der Befragten wurden aufgrund ihrer Homosexualität erpreßt.

Interpretation

Der Begriff der psychischen Gewalt beschränkt sich in der vorliegenden Studie nicht allein auf juristisch greifbare Delikte wie zum Beispiel Nötigung oder Erpressung. Unter psychischer Gewalt wird, wie eingangs dargestellt, jegliches nicht-körperlich aggressive Verhalten verstanden, das die Integrität und Würde eines Menschen angreift. Darunter kann das Infragestellen mütterlicher Kompetenz ebenso fallen wie Herabsetzungen oder Demütigungen und Beleidigungen. Interessant ist der Vergleich mit der Studie von David Comstock, der belegt, daß eine abwertende Sprache eher gegenüber Lesben als gegenüber Schwulen verwendet wird. Diese These steht im Gegensatz zum deutschen und englischen Sprachschatz an Schimpfworten, die sicherlich mehr herabsetzende Begriffe für Schwule als für Lesben enthalten. Die Unsichtbarkeit von Lesben spiegelt sich in der Sprache wider. Die Abwesenheit vieler lesbenfeindlicher Begriffe und das Vorhandensein schwulenfeindlicher Bezeichnungen müssen offenbar jedoch nicht dazu führen, daß schwulenfeindliche Begriffe nur gegenüber Schwulen verwendet werden. So hat sich sicherlich schon die eine oder andere Lesbe als „schwule Sau“ titulieren lassen müssen. Die dabei verfolgte Logik ist einfach strukturiert: Schwule werden mit Homosexualität gleichgesetzt; Lesben sind unsichtbar. Tauchen sie dennoch einmal auf, sind sie „schwul“ und werden herabgesetzt. Dieser Mechanismus erklärt sicherlich nicht die Erfahrung von David Comstock, daß Lesben häufiger als Schwule herabgesetzt werden, jedoch die Verwirrung, die aus seiner Feststellung entstehen kann.

Vielen Lesben fällt es schwer, psychische Formen der Gewalt als solche zu definieren, da zumeist die körperliche Unversehrtheit bewahrt bleibt. Dies wird bei den Lesben, die angaben, keine Gewalt erlebt zu haben, und dennoch gewalttätige Übergriffe aufführten, besonders deutlich. In keinem einzigen dieser Fälle wurden körperliche Übergriffe angeführt, jedoch Formen psychischer Gewalt und sexualisierte Übergriffe. Bei den sexualisierten Übergriffen handelt es sich, wie gleich zu sehen sein wird, um nicht-körperliche Angriffe, so beispielsweise um unerwünschte Anmache, Herabsetzung der Homosexualität, sexuell abfällige Anspielungen usw. Psychische Gewalt ist wenigstens viermal so häufig anzutreffen wie körperliche Gewalt und gleichzeitig zu einem großen Teil als Gewaltform aus dem Bewußtsein von Lesben ausgeblendet. Dieser Mechanismus ist vergleichbar mit dem Verhalten von Frauen im allgemeinen, die sich oftmals erst dann als Opfer von Gewalt betrachten, wenn es sich um physische Gewalt handelt. Die Folge ist, daß Lesben und andere Frauen lange in Gewaltstrukturen verweilen, die ihre Integrität und Würde angreifen. Dabei wird übersehen, daß eine alltägliche Erfahrung mit beispielsweise einer Herabsetzung großen Einfluß auf das Selbstwertgefühl haben kann. Das relativ hohe Ausmaß an verinnerlichter Homophobie kann als Beispiel hierfür herangezogen werden.

Sexualisierte Gewalt

Daten

Insgesamt wurden 109 Fälle von sexualisierter Gewalt angegeben. Am häufigsten wurden mit jeweils 24,8 Prozent die Homosexualität als eine Form der Sexualität herabgesetzt und Lesben gegen ihren Willen sexuell „angemacht". Es folgten sexuell abfällige Anspielungen (13,8%), unerwünschtes Anfassen (9,2%) und die Forderung nach sexuellem Entgegenkommen mit 8,3

Prozent. Vergewaltigungen stellen eine Form von körperlicher und psychischer Gewalt dar. Da hier aber Sexualität funktionalisiert wird, um Gewalt auszuüben, subsumiere ich sie unter sexualisierte Formen von Gewalt. Das gleiche gilt für die beruflichen Nachteile aufgrund der Homosexualität: Die vermeintliche sexuelle „Andersartigkeit" der Betroffenen führte zu beruflichen Nachteilen, das heißt, die Sexualität wurde funktionalisiert, um Lesben zu mobben, von Beförderungen auszuschließen oder gar zu entlassen.

Formen der Gewalt	**Prozent**
Unerwünschte Anmache	24,8
Herabsetzung der Homosexualität	24,8
Sexuell abfällige Anspielungen	13,8
Unerwünschtes Anfassen	9,2
Forderung nach sexuellem Entgegenkommen	8,3
Pornographische Darstellungen	5,5
Herabsetzung der sexuellen Praktiken	4,6
Berufliche Nachteile aufgrund der Homosexualität	2,7
Exhibitionismus	2,7
Vergewaltigung	1,8
Sexuelle Nötigung	0,9
Zwang, gewalttätige Phantasien anhören zu müssen	0,9

Tabelle 2: Sexualisierte Formen der Gewalt

Vergleich

In der Berliner Studie werden zwei Fälle aufgeführt, in denen der Täter entweder auf die abgelegte Kleidung des Opfers oder auf die Frau selbst uriniert hat. Diese Fälle sind als Form körperlicher Gewalt bewertet worden. Eine weitere Differenzierung der „körperlichen Angriffe" findet nicht statt.

Laut der Bielefelder Umfrage war ein Drittel der Befragten aufgrund ihres Lesbischseins Opfer anzüglicher Bemerkungen. 16 Prozent wurden zum Geschlechtsverkehr aufgefordert, und jede zehnte Befragte gab sexuelle Übergriffe in Form von Busengrapschen oder Pokneifen an. Insgesamt hat jede dritte

Lesbe eine oder mehrere Erfahrungen mit sexualisierter Gewalt angegeben (Stein-Hilbers 1999, S. 135). In der Studie von David Comstock haben 5 Prozent der befragten Lesben und 10 Prozent der befragten Schwulen eine Vergewaltigung oder andere Formen sexueller Angriffe erlebt. Jens Dobler gibt einen Prozentsatz von 3,8 Prozent der befragten Schwulen an, die vergewaltigt wurden. 4,7 Prozent wußten von Vergewaltigungen in ihrem persönlichen Umfeld.

Interpretation

Bemerkenswert an der Bielefelder Studie ist die Tatsache, daß viele sexuelle Übergriffe in der Öffentlichkeit stattfinden. Die schweren sexuellen Angriffe geschehen jedoch im familiären Kontext. Nach David Comstock werden Schwule doppelt so häufig wie Lesben vergewaltigt. Leider wird keine Auskunft über den Täterkreis gegeben, was nur Spekulationen über mögliche Settings zuläßt: So kann es beispielsweise sein, daß in Schwulensaunen oder Klappen Vergewaltigungen durch Schwule und/oder Freier an Schwulen und Strichern häufig vorkommen, aber durch die starke Tabuisierung kaum aufgegriffen werden. Der relativ öffentliche Raum, in dem diese Sexualpraktik ausgeübt wird, bietet ein vergleichsweise großes Potential an Angriffsmöglichkeiten.

Sexualisierte Formen von Gewalt sind vor allem gegen Lesben und andere Frauen ausgerichtet und stellen ein Mittel der Durchsetzung heteropatriarchaler Herrschaftsstrukturen dar. Sexualisierte Formen von Gewalt gegen Lesben aufgrund einer lesbenfeindlichen Motivation spiegeln gesellschaftlich weitverbreitete Annahmen und Vorurteile gegenüber der lesbischen Lebensweise wider: Lesbische Sexualität gilt als eine „Spielvariante“ heterosexueller Praktiken, das heißt, es wird nach wie vor von einer Verfügbarkeit für Männer ausgegangen. Das zeigt sich beispielsweise in unerwünschter Anmache, unerwünschtem Anfassen oder der Aufforderung nach sexuellem Entgegenkommen. Gleichgeschlechtliche sexuelle Praktiken werden als Stimuli für männliche Sexualität eingesetzt, wobei gleichzeitig Homosexualität und homosexuelle Praktiken herabgesetzt werden. Dieser Mechanismus sichert die heterosexuelle Dominanzkultur, indem aus dieser Perspektive definierte „Abweichungen“ einerseits vereinnahmt und andererseits abgewertet werden. Es besteht der gesellschaftliche Anspruch, daß Frauen für Männer verfügbar zu sein haben; dies geschieht, indem ihre eigenständige Sexualität verharmlost oder degradiert wird oder ihre Identität und Persönlichkeit durch sexuelle Gewalt „gebrochen“ werden. Da sexualisierte Formen von Gewalt ein wichtiger Bestandteil in der Durchsetzung patriarchaler Herrschaftsstukturen darstellen, ist es nicht verwunderlich, daß diese (bei Lesben) doppelt so häufig wie körperliche Gewalt verübt werden.

Insgesamt wurden 427 Fälle von Gewalt dokumentiert, die sich auf 212 Vorfälle beziehen. Dies bedeutet, daß in den seltensten Fällen eine einzige Form der Gewalt angewendet worden ist. Es ist eher davon auszugehen, daß die Täter auf verschiedenen Gewaltebenen agiert haben. Ausgehend von der Gesamtsumme läßt sich ein Verhältnis der einzelnen Gewaltformen zueinander herstellen: So stehen physische Gewalt zu psychischer Gewalt und diese zu sexueller Gewalt in einem Verhältnis von 14,3 Prozent zu 60,2 Prozent zu 25,5 Prozent. Anders ausgedrückt: sexuelle Gewalt (unerwünschte Anmache, Vergewaltigung usw.) findet fast doppelt so häufig statt wie körperliche Gewalt (schlagen, schubsen, treten usw.), und psychische Gewalt viermal so häufig wie körperliche und mehr als doppelt so häufig wie sexuelle Gewalt.

Nicht-lesbenfeindlich motivierte Gewalttaten

Daten

Zu der lesbenfeindlich motivierten Gewalt kommen noch die Angriffe aufgrund weiterer Merkmale hinzu. Diese ergeben in ihrer Summe als Mittelwert mindestens 365 Vorfälle, die sich wiederum aus verschiedenen Facetten der Gewalt (physische, psychische, sexuelle und emotionale) zusammensetzen können. Der Mittelwert ergibt sich aus den Angaben der Teilnehmerinnen wie folgt: Einmal wurde als ein Vorfall gewertet, ein- bis dreimal als zwei Vorfälle gemittelt, vier- bis sechsmal als fünf Vorfälle, sieben- bis neunmal als acht Vorfälle, mehr als neunmal als zehn Vorfälle, mehr als zwanzigmal als 21 Vorfälle gewertet. Die Datenbasis bezieht sich auf alle Teilnehmerinnen, das heißt sowohl auf diejenigen mit als auch ohne Gewalterfahrungen.

Von denjenigen, die lesbenfeindliche Gewalt erlebt hatten, hatten 80 Prozent auch nicht-lesbenfeindlich motivierte Gewalt erlebt. Von den Frauen, die angaben, keine lesbenfeindliche Gewalt erlebt zu haben (22 Prozent), haben 30 Prozent Erfahrungen mit Gewalt aufgrund anderer Merkmale gemacht. Entsprechend den Teilnehmerinnenprofilen ist die Häufigkeit wie folgt gegeben:

	Prozent
Frauenfeindlichkeit	70
Religionszugehörigkeit	2
Körpergewicht	19
Körpergröße	4
Hautfarbe	2
Nationalität	2
Behinderung	2

Tabelle 3: Häufigkeit nicht-lesbenfeindlich motivierter Angriffe

Das Verhältnis von lesbenfeindlicher Gewalt zu Gewalt aufgrund anderer Merkmale beträgt 1:1,7, wobei die frauenfeindliche Gewalt an oberster Stelle steht. Die Häufigkeit der Angriffe bei frauenfeindlicher Gewalt wird von der Gruppe „mehr als 20 Vorfälle“ dominiert (20,4%), gefolgt von der Gruppe der „1 bis 3 Vorfälle“ mit ebenfalls 20,4 Prozent. 22,2 Prozent machten keine genaueren Angaben. Da die Teilnehmerinnen allerdings mindestens einen Fall angaben, wurden diese mit jeweils einem Punkt bewertet. Bei lesbenfeindlicher Gewalt dominiert die Gruppe der „1 bis 3 Vorfälle“, gefolgt von einmaligen Angriffen.

Interpretation

Zusammenfassend läßt sich feststellen, daß entsprechend der Teilnehmerinnenprofile Lesben Opfer mindestens zweier

Gewaltformen sind, nämlich von Homosexuellenfeindlichkeit und Sexismus. Bei einigen kommen noch weitere Diskriminierungsfaktoren dazu, zum Beispiel Rassismus, Antisemitismus, Dickenfeindlichkeit usw. Von Bedeutung ist, daß die Teilnehmerinnen offensichtlich in der Lage waren, zwischen lesbenfeindlicher, frauenfeindlicher, behindertenfeindlicher, dickenfeindlicher, antisemitischer und rassistischer Motivation zu unterscheiden. Die meisten Täter lassen ihre Opfer über ihre Motivation nicht im unklaren. Das bedeutet, daß es möglich ist, unter anderem durch den Kontext die Motivation eines Angriffs zu erkennen. Im Vergleich zwischen lesbenfeindlicher und nicht-lesbenfeindlicher Gewalt wird deutlich, daß letztere bei Lesben häufiger anzutreffen ist als lesbenfeindliche Gewalt, und zwar fast doppelt so oft (1,7mal). Besonders deutlich wird dieses Verhältnis durch die Angaben der Teilnehmerinnen, die innerhalb der letzten fünf Jahre oft mehr als zwanzig Übergriffe erlebt haben. Der Vorteil dieser Analyse ist, daß die Teilnehmerinnengruppe der Lesben unter dem Aspekt der sexuellen Orientierung homogen ist, während unter dem Begriff „Frau" sowohl heterosexuelle als auch lesbische Frauen subsumiert werden. Dadurch entfällt eine differenzierte Betrachtung in Hinblick auf frauenfeindliche Gewalt, das heißt, in den wenigsten Untersuchungen wird davon ausgegangen, daß der Angriff gegen eine Frau auch eine andere Motivation beinhalten kann als die der Frauenfeindlichkeit. Eine Ausnahme bilden hier offensichtliche Kategorien wie Migrantin, Schwarze oder eine Frau mit Behinderung.

Der große Unterschied zwischen Lesben, die angaben, lesbenfeindliche Gewalt erlebt zu haben (einschließlich derjenigen, die Frage 19 verneinten), und denjenigen, die keine lesbenfeindlichen Gewalterfahrungen gemacht haben, ist offensichtlich. Hier bieten sich mehrere Interpretationsmöglichkeiten an: Zum einen könnte diese eklatante Differenz auf eine unterschiedliche Sensibilität in der Wahrnehmung zurückgeführt werden. Dies hieße, daß Lesben und andere Frauen, die sich mit der Thematik der Gewalt gegen Lesben und andere Frauen auseinandergesetzt haben, möglicherweise eine höhere Sensibilität für Übergriffe aufweisen als Frauen, die sich noch nicht mit dieser Problematik beschäftigt haben. Letzteren könnte es demzufolge schwer fallen, gerade subtile Formen der Gewalt – oftmals auch offensichtliche – als solche zu benennen. Diese Hypothese kann exemplarisch an den Teilnehmerinnen bestätigt werden, die die Frage, ob sie lesbenfeindliche Gewalt erlebt haben, verneinten und im folgenden vor allem Angaben zu psychischen und sexualisierten Formen der Gewalt machten.

Eine weitere Interpretationsmöglichkeit bietet die Verinnerlichung von Opferstrukturen: Lesben und andere Frauen können bestimmte Opferstrukturen verinnerlicht haben, die sie einerseits sehr früh erlernt haben und andererseits auch benötigen, um in dieser Gesellschaft überhaupt überleben zu können. Reale Gewalterfahrungen können verinnerlichte Opferstrukturen verstärken, so daß Lesben und andere Frauen sich in bestimmten Mustern bewegen und so Gefahr laufen, erneut Opfer zu werden. Bei dieser Interpretationsmöglichkeit ist es notwendig, darauf zu achten, daß die Täter nicht ihrer Verantwortung enthoben und so betroffene Lesben und andere Frauen erneut viktimisiert werden. Die Täter tragen die Verantwortung für ihr Handeln. Im Rahmen der Verarbeitung von Gewalterfahrungen kann es sinnvoll sein, zu schauen, in welchen Strukturen sich betroffene Lesben und andere Frauen bewegen: Das Ausbrechen aus Opferstrukturen ermöglicht vielen Betroffenen, ein neues Selbstwertgefühl zu entwickeln und ethische Werte wie zum Beispiel Achtung und Respekt einzufordern.

Es stellt sich im folgenden die Frage, welche Auswirkungen die unterschiedliche Gewalterfahrung auf das tägliche Leben und Handeln von Lesben haben. Offensichtlich ist es für Lesben unrealistisch, ihre Identität in der Öffentlichkeit und/oder vor sich selbst zu verstecken und zu verleugnen. Denn sie werden niemals einen Zustand erreichen, in dem sie vor Gewalt sicher sind. Wenn Lesben ihre Identität verleugnen, können sie dennoch Opfer von frauenfeindlicher, dickenfeindlicher oder beispielsweise rassistischer Gewalt werden. Hinzu kommt, daß das Verstecken der eigenen Identität eines immensen Aufwands bedarf, der wahrscheinlich mindestens ebenso belastend ist wie die Auseinandersetzung mit den (alltäglichen) Gewalterfahrungen.

Daten

Zu dem Geschlecht der Täter liegen einhundert Aussagen vor. In 81 Prozent der Angriffe waren nur Männer beteiligt, in 3 Prozent der Fälle nur Frauen. Waren die Täterinnen Frauen, so handelte es sich in zwei der drei Fälle um die ehemalige oder die derzeitige Lebensgefährtin. Eine Lesbe wurde von einer Frau in einem heterosexuellen Lokal angegriffen. Von den Angriffen, an denen Männer beteiligt waren, waren diese in 15 Prozent der Fälle wiederum in Begleitung einer Frau. 16 Prozent der Teilnehmerinnen machten keine Angaben zum Geschlecht der TäterInnen.

Die Tätermotivation wurde an zwei Punkten abgefragt, bei Frage 20: „Woran haben Sie erkannt, daß die Gewalttat lesbenfeindlich motiviert war?“ und anhand von Frage 37: „Anhand welcher Kriterien hat Ihrer Meinung nach der Täter/die Täterin Ihre lesbische Identität vermutet?“. Bei den Angaben, woran die lesbenfeindliche Motivation erkannt wurde, dominierte eindeutig die Kategorie „durch eine Äußerung des Täters“ mit 44 Prozent, gefolgt vom „Verhalten der/des Täters“ mit 25 Prozent. Erst an dritter Stelle rangiert die eigene Intuition (14%). 17 Prozent der Teilnehmerinnen machten keine näheren Angaben. Von Bedeutung ist, daß in den meisten Fällen eine Kombination verschiedener Faktoren (Äußerungen, Verhalten, andere Hinweise des Täters und die eigene Intuition) eine Rolle spielte. In nur 2 Prozent der Fälle mußten sich die betroffenen Lesben allein auf ihr Gefühl verlassen.[51]

In diesem Zusammenhang ist von Interesse, woran die Täter die vermeintlichen Lesben identifiziert haben. Es wurden insgesamt 125 Antworten gegeben. Auch hier dominiert die Kombination mehrerer Möglichkeiten, das heißt, nur 5 Prozent der betroffenen Opfer gaben ein Erkennungsmerkmal an, die übrigen 95 Prozent nannten die Kombination verschiedener Möglichkeiten.[52]

Innerhalb dieser Kombination dominiert der Austausch von Intimität mit einer anderen Frau (27%), gefolgt von vermeintlichem Aussehen (19%), der Tatsache, daß der Täter von der les-

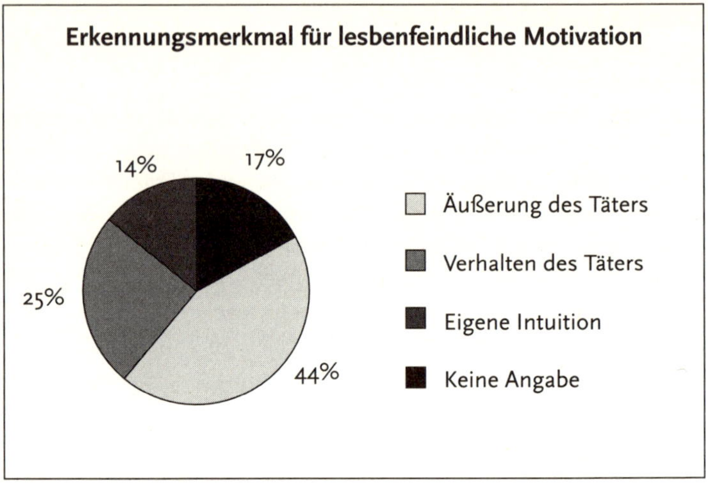

Graphik 7: Täterindex

bischen Lebensweise wußte (17%), und dem selbstbewußten Auftreten der Lesbe/n mit 16 Prozent. Weitere Erkennungsmerkmale waren „Sichtbare Merkmale wie Buttons, Aufkleber usw." mit 5 Prozent, Hörensagen mit 4 Prozent, ebenso die gemeinsame Wohnung mit der Partnerin mit 4 Prozent. In den 5 Prozent der Fälle, in denen nur ein Faktor angegeben worden war, wurde jeweils die Kategorie „Vermutung" genannt. Es läßt sich kein signifikanter Zusammenhang zwischen der Aussage „Er wußte es" und dem Austausch von Intimität herstellen, das heißt, in nur sechs von 19 Angaben wurde ein Zusammenhang hergestellt, in fünf von 19 ein Zusammenhang von „Er wußte es" und dem selbstbewußten Auftreten der Teilnehmerinnen. Die Kategorie „Er wußte es" steht gleichwertig neben den weiteren Kategorien. Der einzige Zusammenhang, der sich nachweisen läßt, besteht in der Mehrfachnennung, das heißt, daß eine Kombination von Erkennungsmerkmalen dazu führte, dem Täter „die Gewißheit" zu geben, es handele sich um eine Lesbe. Die Gewißheit wurde den Betroffenen dann durch Äußerungen oder Verhaltensweisen der Täter „mitgeteilt".

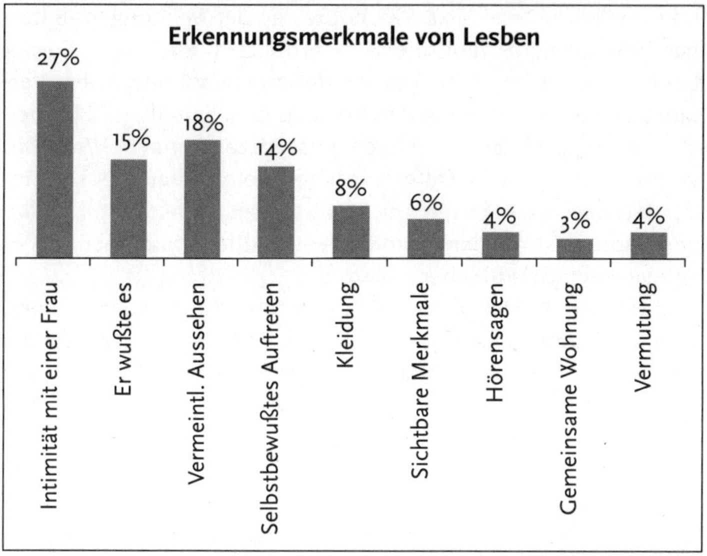

Graphik 8: Erkennungsmerkmale

Vergleich

In der Berliner Studie gibt die überwältigende Mehrheit der betroffenen Frauen an, eindeutig als Lesbe erkannt worden zu sein. Lediglich eine Frau war sich dessen nicht sicher. Als Erkennungsmerkmale wurden folgende Möglichkeiten angegeben: In 64 Prozent der Fälle wurden Intimitäten ausgetauscht, zu der auch das Hand-in-Hand-Gehen gehört. In den weiteren Fällen war die lesbische Lebensweise den Tätern bekannt (25%), der Ort war als ein von Lesben frequentierter Ort bekannt, die Betroffenen nahmen an einer lesbisch-schwulen Demonstration teil oder trugen „lesbische Symbole" wie zum Beispiel eine Doppelaxt oder die Regenbogenfahne. Bei den verbleibenden 11 Prozent wurde nicht auf das Verhalten von Männern reagiert.

Die Bielefelder Umfrage gibt in Tabelle 29 zur Beurteilung von Gewaltpotentialen folgende Einschätzungen der Teilnehmerinnen an: 38,8 Prozent der Lesben glauben, daß ein öffentlicher Austausch von Zärtlichkeiten „in besonderem Maß gefährlich sei" (S. 170), und 22,9 Prozent der Beteiligten sind der Auffassung, daß ein „auffällig-männliches" Erscheinungsbild „gefährlich“ sei. 25,8 Prozent waren der Meinung, daß Lesben, die unsicher auftreten, in erhöhtem Maß von Gewalt betroffen seien. In ihrer Analyse der zu erwartenden Gewalterfahrungen kommen die Autorinnen zu dem Schluß, daß Lesben die Gewaltpotentiale realistisch einschätzen können. Weiterhin vermuten sie, daß Gewalterfahrungen weitaus häufiger stattfinden würden, wenn Lesben nicht bereits im Vorfeld mit Konfliktvermeidungsstrategien potentielle Gefahrensituationen auflösen würden (Stein-Hilbers 1999, S. 174).

Zwischen meiner und der Berliner Studie gibt es einen signifikanten Unterschied bezüglich des Erkennungsmerkmals „Austausch von Intimität/Intimität mit einer Frau“.[53] Auch die Bielefelder Umfrage weist an diesem Punkt einen signifikanten Unterschied zur Berliner Studie auf.

Interpretation

Sowohl in der Bielefelder als auch in der von mir durchgeführten Studie wird angenommen, daß Lesben vor allem aufgrund von Zuschreibungen und weniger aufgrund ihrer Homosexualität Opfer von Gewalt werden können. Den Teilnehmerinnen scheint bewußt zu sein, daß bestimmte Merkmale gegen zugeschriebene Weiblichkeitsbilder und Rollenerwartungen verstoßen und so Angriffspunkte darstellen. Erwecken Lesben den Anschein, sie könnten den gesellschaftlichen Vorurteilen entsprechen, zum Beispiel durch ihr vermeintliches Aussehen oder ihr angenommenes selbstbewußtes Auftreten, entsprechen sie dem projizierten Bild, das heißt, der Mechanismus entspricht dem einer sich selbst erfüllenden Prophezeiung. Es stellt sich die Frage, ob Lesben diesem „Teufelskreis“ entkommen können.

An dem Beispiel des „männlichen“ Auftretens wird deutlich, daß dieses nicht als dem Spektrum weiblicher Ausdrucksmöglichkeiten zugehörig interpretiert, sondern in bezug zu Männlichkeit, männlichen Rollenerwartungen und Stereotypen gesetzt wird. Lesben besitzen demnach kein eigenes Bezugssystem, sondern bewegen sich in ihrer Auseinandersetzung mit der Umwelt in einem System, dessen Werte und Normen nicht von ihnen definiert werden. Eine mögliche Konfliktvermeidungsstrategie stellt das Nicht-Sichtbar-Werden der lesbischen Lebensweise dar: „[...] mit jedem Coming-out [ist] mit potentiell ablehnenden, abwertenden Reaktionen und diskriminierenden Handlungen zu rechnen [...]. Frauen, die ihr Lesbischsein verschweigen, haben also begründete Befürchtungen." (Stein-Hilbers 1999, S. 173). Ein erhöhtes Gewaltrisiko verbunden mit einem äußeren Coming-out (das Offenbaren gegenüber der Umwelt) führt dazu, daß einige Lesben versteckt leben.

Im politischen Diskurs stellt sich natürlich die Frage, ob die häufig praktizierte Strategie des versteckt Lebens tatsächlich einen Schutz vor möglichen gewalttätigen Übergriffen bietet. Wie bereits festgestellt, sind Lesben Opfer verschiedener Unterdrückungssysteme, wobei es Merkmale gibt, die nicht nach außen getragen werden müssen, und Merkmale wie beispielsweise das Geschlecht oder die Hautfarbe, die immer offensichtlich sind. Das bedeutet, daß es auf den ersten Blick möglich scheint, sich bestimmten Unterdrückungsstrukturen zu entziehen und anderen wiederum nicht. Auf den zweiten Blick ist diese Annahme zumindest diskussionswürdig: Hat bei den Frauen bereits ein inneres Coming-out (Selbstoffenbarung) stattgefunden, ist zu bezweifeln, ob Vorurteile, Stigmatisierungen und Bewertungen keinen negativen Einfluß auf die Psyche und Identität der versteckt lebenden Lesbe haben. Die Grenzüberschreitung, Diskriminierung oder Gewalt findet dennoch statt – nur versteckt und nicht zielgerichtet.

Des weiteren geht mit dem Versteckt-Leben oftmals eine Anpassung, oder der Versuch einer Anpassung, an herrschende Rollenerwartungen einher. Die betroffenen Frauen befinden sich jedoch in einem Herrschaftsdiskurs; das bedeutet, daß die Herrschenden jederzeit die Spielregeln verändern können, und zwar alleinig zu ihren Gunsten. Egal wie sehr Frauen versuchen, den herrschenden Normen zu entsprechen, es gibt keine Garantie, daß die Regeln nicht geändert werden – und sie damit wieder dem Risiko von Gewalt ausgesetzt sind. Als Lesbe versteckt zu leben kann langfristig keinen Schutz vor Gewalt bieten. Hinzu kommt noch der Aspekt, daß die Aufrechterhaltung eines heterosexuellen Bildes nach außen ein hohes Maß an Energie erfordert, das dem im Umgang mit tatsächlichen Gewalterfahrungen mindestens entspricht.

Ausgehend von der Tatsache, daß Lesben aufgrund von Zuschreibungen, die gesellschaftliche Vorurteile reflektieren, Gewalt erleben, wird deutlich, daß beispielsweise das Austauschen von Intimitäten in der Öffentlichkeit zwar ein Risiko darstellen kann, jedoch nicht ausschlaggebend ist. So spielen in dieser Studie das vermeintliche Aussehen und das selbstbewußte Auftreten der Person eine relativ große Rolle. Konsequenterweise bedeutet dies, daß nicht-lesbischen Frauen, die jedoch lesbischen Zuschreibungen entsprechen, ebenfalls Opfer lesbenfeindlicher Gewalt werden können. Da in die vorliegende Auswertung nur Lesben kamen, läßt sich diese Hypothese nicht anhand der Studie verifizieren. Sie wird jedoch mittels eines Interviews, das im Kapitel „Perspektiven einer lesbischen Anti-Gewalt-Arbeit“ zu finden ist, untermauert. Die Hypothese, daß die Motivation lesbenfeindlicher Gewalt eher in einem System von (negativen) Zuschreibungen begründet ist, ist von großer Bedeutung, denn sie verlagert die Verantwortung von den betroffenen Lesben hin zu den Tätern: Es geht nicht darum, ob eine Lesbe Zärtlichkeiten austauscht oder wie sie sich *tatsächlich* kleidet oder gibt. Vielmehr geht es um die Bilder, die Täter von Lesben im Kopf haben, das heißt, welche Zuschreibungen letztlich stattfinden.

Tatorte

Daten

Eingangs wurde festgestellt, daß 77 Prozent der Lesben an ihrem Wohnort angegriffen wurden. Im folgenden soll nun ein differenzierterer Blick auf den Tatort geworfen werden. Zu den Tatorten wurden 147 Angaben gemacht; sieben Teilnehmerinnen machten keine Angaben.

Die meisten Lesben werden im *öffentlichen Raum* angegriffen (37%), das heißt, auf der Straße, in öffentlichen Einrichtungen, auf dem Wochenmarkt oder in einem öffentlichen Beförderungsmittel. Innerhalb der Kategorie „öffentlicher Raum“ dominiert die Straße als Tatort vor dem öffentlichen Beförderungsmittel und öffentlichen Einrichtungen wie beispielsweise

Schwimmbädern. Die Problematik der Gewalt im öffentlichen Raum betrifft sowohl Lesben auf dem Land als auch in der Stadt.

An zweiter Stelle steht mit 17 Prozent der *von Lesben und Schwulen gestaltete und/oder frequentierte Ort*: Lesben werden vor und in Frauenlokalen angegriffen, auf lesbisch-schwulen Straßenfesten oder vor und in lesbischen und/oder schwulen Einrichtungen.

An dritter Stelle steht mit 12 Prozent das direkte *Wohnumfeld*. Unabhängig von der Tatsache, ob eine Lesben versteckt oder offen lebt, wird sie als offenbar alleinstehende Frau mit bestimmten Kategorien belegt. Homosexualität ist eine dieser möglichen Kategorien. Lesben, die wiederum relativ offen leben, indem sie zum Beispiel mit ihrer Partnerin zusammenwohnen, müssen ebenfalls mit Diskriminierung und Gewalt in ihrem Wohnumfeld rechnen: Vandalismus, Sachbeschädigung, Autoeinbrüche und Verleumdung gehören ebenso zum Repertoire wie Beschimpfungen oder Diskriminierung durch Ausgrenzung.

Von großer Bedeutung ist ebenfalls der *Arbeitsplatz*. Er steht mit 10 Prozent an vierter Stelle der häufigsten Tatorte. Lesben werden von ihren Kolleginnen und Kollegen diskriminiert, ebenso von ihren Vorgesetzten und von Kunden und Kundinnen. Sie werden gemobbt, bei der Beförderung übergangen, beleidigt und sexuell belästigt.

Vergleich

Die Berliner Studie gibt als Haupttatort ebenfalls den „öffentlichen Raum" mit 95,2 Prozent an. Davon passierten die Überfälle in 45,8 Prozent der Fälle auf der Straße, 13,3 Prozent in öffentlichen Verkehrsmitteln, 20,5 Prozent in der Nähe einer Kneipe oder eines Projektes, 8,4 Prozent im Wohnumfeld und 7,2 Prozent beim Einkaufen. In 4,8 Prozent der Fälle fanden die Überfälle entweder am Arbeitsplatz oder in der eigenen Wohnung bzw. im Haus statt. Die Bielefelder Umfrage stellt einen Zusammenhang zwischen der Gewaltform (verbale Gewalt, körperliche Gewalt und sexualisierte Gewalt) und dem Tatort her: So hat in der Öffentlichkeit jede fünfte Lesbe bereits körperliche Angriffe und Bedrohungen erlebt (Stein-Hilbers 1999,

S. 137). Auch haben besonders drastische verbale Abwertungen die befragten Frauen am häufigsten in der Öffentlichkeit erfahren (jede dritte bis vierte Lesbe). Sexualisierte Formen von Gewalt sind in der Öffentlichkeit zirka dreimal so häufig anzutreffen wie in der Familie, jedoch nur doppelt so häufig wie am Arbeits- oder Studienplatz (S. 130, Tabelle 3b). In der Gesamtnennung der Gewalterfahrungen wird deutlich, daß es zwei Bereiche gibt, in denen relativ häufig Gewalt anzutreffen ist, nämlich die Familie und die Öffentlichkeit. Während die Täter in der Familie den Opfern bekannt sind, sind sie im öffentlichen Raum den Betroffenen meist unbekannt. Deutlich wird jedoch, daß im öffentlichen Raum fast viermal so häufig Formen körperlicher Gewalt anzutreffen sind wie in der Familie. Dort dominiert die verbale Gewalt, wobei kaum ein quantitativer, jedoch ein qualitativer Unterschied zum öffentlichen Raum festzustellen ist (S. 130, 133). An dritter Stelle folgt der Arbeits- bzw. Studienplatz, an dem zwar vergleichsweise wenig körperliche Gewalt anzutreffen ist, jedoch vermehrt sexualisierte Formen von Gewalt. Sogenannte Frauen-/Lesbentreffpunkte und -veran-

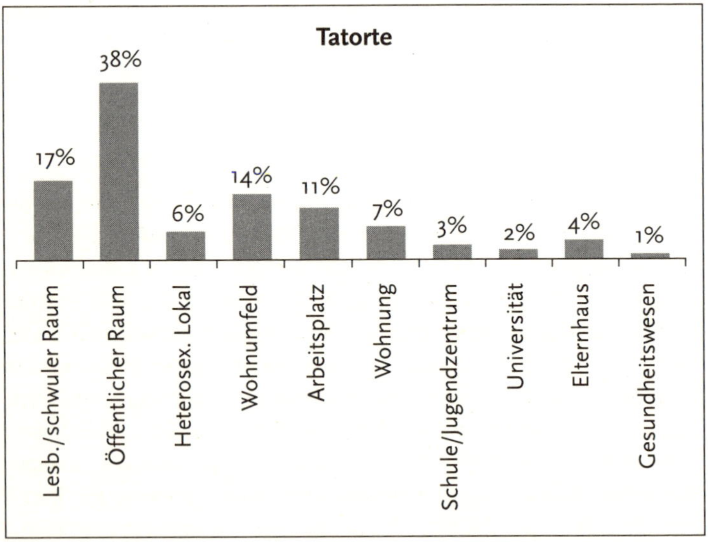

Graphik 9: Tatorte

staltungen gehören gemäß der Bielefelder Studie ebenfalls zu den potentiellen Gefahrenorten. Dort haben 18,4 Prozent der befragten Frauen bereits Gewalt erfahren.

In der Umfrage von Diana van Oort wird die Straße ebenfalls als Haupttatort für sexuellen Mißbrauch, physische Gewalt und Einschüchterungen angegeben. An zweiter Stelle steht der Arbeitsplatz, an dritter Stelle das Wohnumfeld und an vierter Stelle die Schule (Van Oort 1992, S. 37).

In der Studie von Jens Dobler werden als mögliche Tatorte angegeben: Cruising-Gebiete einschließlich der Klappen, schwule Subkultur, offene Straße, die Wohnung, Schule, Familie und zuletzt Armee und Gefängnis. Die Cruising-Gebiete werden als „Orte besonderer Gefährdung" angegeben. Die offene Straße als Tatort gewinnt dann von Bedeutung, wenn es sich um Beleidigungs- und Bedrohungsfälle handelt. So fanden zirka 35 Prozent der Beleidigungs- und Bedrohungsfälle auf offener Straße statt.

Interpretation

Wenn auch alle Studien unterschiedliche Basisdaten und Definitionen aufweisen, kristallisiert sich dennoch der öffentliche Raum als derjenige heraus, an dem Lesben am gefährdetsten sind. Dies widerspricht der gängigen Annahme, daß Lesben besonders im privaten Bereich bedroht seien, während Schwule eher in der Öffentlichkeit angegriffen würden. Diese Annahme hat ihre Wurzeln in der Vermutung, daß lesbenfeindliche Gewalt und frauenfeindliche Gewalt vergleichbar sei: Frauen werden vor allem in ihrem Nahraum von Tätern angegriffen, die sie kennen (vgl. Graff 1995, S. 198). Dies scheint jedoch nicht auf Lesben zuzutreffen.

Sowohl bei der Berliner, der Bielefelder als auch bei dieser Studie kristallisiert sich ein weiterer Tatort heraus: die lesbische und/oder schwule Infrastruktur in Form von Begegnungsstätten wie beispielsweise Projekten oder Diskotheken. Eine mögliche Begründung ist sicherlich in der verstärkten Sichtbarkeit von Lesben an und in der Nähe solcher Orte gegeben. Eine weitere Begründung findet sich jedoch auch in der Annahme, daß diese Angriffe nicht zufällig geschehen, denn die Täter müssen sich Kenntnisse über lesbische Treffpunkte aneignen, müssen deren Öffnungszeiten kennen und geeignete Zeitpunkte auswählen.

Diese ersten Erkenntnisse zeigen einen Weg auf, der vor allem für die Kommunalverwaltung von Interesse sein könnte: Es stellt sich die Frage, ob Lesben und Schwule in bestimmten Stadtteilen gefährdeter sind als in anderen, und ob dies zum Beispiel auch auf die Lebenssituation anderer sozialer Minderheiten wie Behinderte oder MigrantInnen zutrifft. Weiterhin könnten Unterschiede und Gemeinsamkeiten der potentiellen Gefahrensituationen gegenüber gestellt werden, um dann ein stadtteilbezogenes Präventionskonzept zu erarbeiten. In einigen Kommunen ist ein derartiges Konzept bereits vorhanden, allerdings ohne Einbezug von Lesben und Schwulen. Der derzeitige Status Quo ist, daß Lesben sich nicht frei im öffentlichen Raum bewegen können, ohne das Risiko einzugehen, angegriffen zu werden.

Der Arbeitsplatz stellt nicht nur einen wichtigen Bestandteil des sozialen Gefüges einer Person dar, sondern die meisten Menschen verbringen dort sehr viel Zeit; das heißt, es findet eine Identifikation mit dem Arbeitsplatz statt. Trotz dieser Tatsachen ist der Arbeitsplatz ein häufig unterbewerteter Tatort. Für viele Lesben und andere Frauen birgt er ein sehr großes Gewaltpotential in sich. So muß jede zweite Frau damit rechnen, im Laufe ihres beruflichen Werdegangs sexuell belästigt zu werden.[54] Hinzu kommen andere Formen des Mobbings, und für Lesben die Diskriminierung aufgrund ihrer lesbischen Lebensweise. Die schwerwiegendsten Probleme ergeben sich aus der Tatsache, daß Lesben in Unternehmen und im öffentlichen Dienst keine Unterstützung in Form von Anlauf- und Beratungsstellen mit qualifiziertem Personal haben. Die wenigsten Betriebs- oder Personalräte sind zu dem Thema „Homosexualität" geschult und können auf eine diskriminierende Situation adäquat reagieren. Wie bereits bemerkt, gibt es trotz dieser obsoleten Situation Ansätze, der Diskriminierung am Arbeitsplatz beispielsweise durch eine „Selbstverpflichtungserklärung" etwas entgegenzusetzen. Die Motivation, betriebliche Antidiskriminierungsarbeit zu leisten, mag zwar vorrangig ökonomischer Natur sein, doch erkennt sie den Betrieb nicht nur als Wirtschaftseinheit, sondern ebenso als ein soziales Gefüge an, in dem verschiedene Formen der Gewalt ausgeübt werden können.

Reaktionen auf die Gewalterfahrungen

Daten

Im Mittelpunkt dieses Abschnitts stehen subjektive Empfindungen und Verarbeitungsstrategien der Betroffenen. Aus diesem Grund entsprechen die eruierten Werte einer Selbsteinschätzung, wobei bestimmte Begriffe wie „Depressionen" nicht notwendigerweise einer wissenschaftlichen Definition genügen.

Von den 67 befragten Frauen machten 8 keine Angaben (13%).[55] Die meisten dieser Teilnehmerinnen gehören zu der Gruppe, die sich nicht von Gewalt betroffen fühlte, diese im weiteren Verlauf jedoch angab. Für die restlichen Teilnehmerinnen läßt sich folgendes feststellen: In allen vorliegenden Fällen hat die Gewalterfahrung negativen Einfluß auf die Lebensqualität der betroffenen Lesben.

Fast alle Betroffenen waren wütend, fühlten sich gedemütigt und/oder herabgesetzt: 97 Prozent der Betroffenen waren „nur" wütend, 75 Prozent fühlten sich gedemütigt und 83 Prozent herabgesetzt. In 71 Prozent der Fälle traten alle drei Gefühlszustände ein[56], in 10 Prozent der Fälle waren die betroffenen Lesben nur wütend, in weiteren 10 Prozent war eine Kombination aus wütend und sich entweder gedemütigt oder herabgesetzt fühlen gegeben.

Ein Viertel der betroffenen Lesben hat Angst, weiterhin in der Öffentlichkeit Intimitäten mit der Partnerin auszutauschen. Ein weiteres Viertel ist innerlich unruhig, das heißt, ist ständig aufmerksam und angespannt. 8 Prozent der Betroffenen leben seitdem versteckter als zuvor; eine Teilnehmerin hat sogar den Wohnort gewechselt. 17 Prozent der Frauen leiden unter Depressionen, 15 Prozent unter Schuldgefühlen und glauben, die Gewalt selbst „provoziert" zu haben[57]. Da ein direkter Zusammenhang zwischen den einzelnen Belastungsstörungen

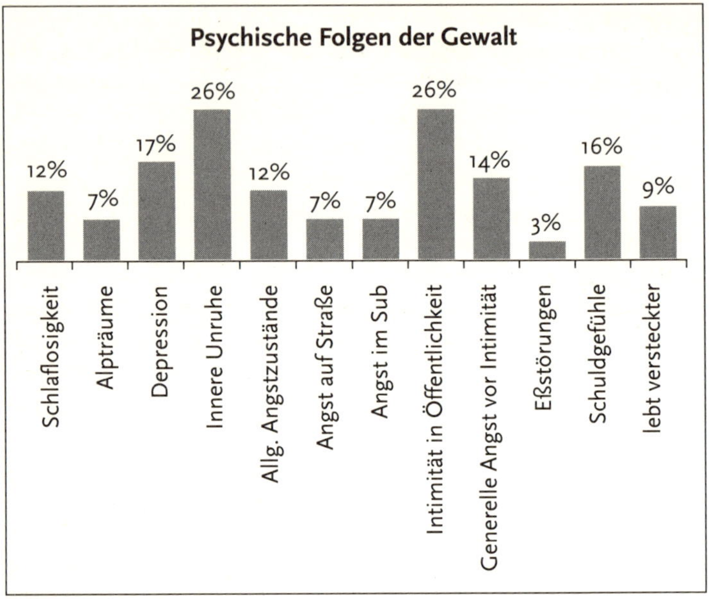

Graphik 10: Psychische Folgen der Gewalt (n=59)

und der lesbenfeindlichen Gewalt nicht zwangsläufig gegeben ist, wurden die Teilnehmerinnen gefragt, ob sie darin eine Verbindung sähen: 90 Prozent der angegriffenen Lesben sehen einen direkten Zusammenhang zwischen ihrer Gewalterfahrung und den aufgeführten Belastungsstörungen.

Es stellt sich die Frage, welche Schritte die Teilnehmerinnen unternommen haben, um mit ihren Erlebnissen fertig zu werden. Die häufigste Strategie war das Erzählen: So haben 73 Prozent der Lesben ihren Freundinnen von ihrer Gewalterfahrung erzählt, 15 Prozent auch ihren männlichen Freunden. Nicht in allen Fällen wurden jedoch die Reaktionen des FreundInnenkreises als ausreichend empfunden. So wurde vor allem mangelnde praktische Unterstützung und mangelndes Einfühlungsvermögen angeführt. 15 Prozent der Teilnehmerinnen entschieden sich für einen Selbstverteidigungskurs, weitere 14 Prozent erstatteten Anzeige[58] und 8 Prozent versuchten, mit Hilfe einer Therapie mit ihren Erlebnissen fertig zu werden.

Vergleich
In der Berliner Studie werden als psychische Symptome Alpträume, Angst- und Haßgefühle, Rachegedanken, Rückzug aus der Öffentlichkeit, allgemeine Angstzustände, sich gedemütigt fühlen, verstört sein und Fassungslosigkeit angegeben. Die Bielefelder Umfrage stellt fest, daß es hinsichtlich der emotionalen Reaktionen gegenüber physischer Gewalt einerseits und verbaler/psychischer Gewalt andererseits kaum Unterschiede gibt. Bei körperlichen Angriffen komme lediglich der Bedrohungsaspekt verstärkend hinzu, während verbale Übergriffe eher zu Gefühlen der Enttäuschung, Trauer, Ausgrenzung und Einsamkeit führten (Stein-Hilbers 1999, S. 155). 58,3 Prozent der Frauen waren empört, wütend und/oder aggressiv. 40,9 Prozent fühlten sich gedemütigt, abgewertet und minderwertig. Zwei Drittel der befragten Frauen, die körperlicher Gewalt ausgesetzt waren, hatten Angst. 40 Prozent fühlten sich ausgeliefert oder waren entsetzt und schockiert. 6,6 Prozent der Betroffenen hatte Schuldgefühle[59].

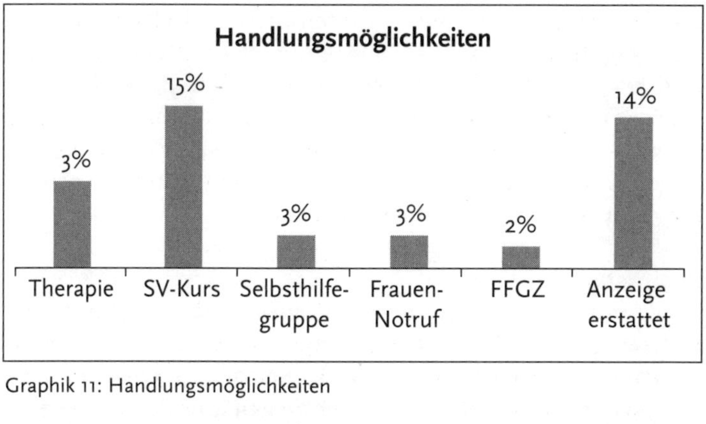

Graphik 11: Handlungsmöglichkeiten

Hinsichtlich der Frage, wie die betroffenen Frauen auf die Gewalterfahrung reagiert haben, läßt sich die Bielefelder Studie nur schwerlich mit der Frankfurter vergleichen, da nicht explizit zwischen einem direkten Verhalten in der Situation und dem Verhalten danach unterschieden wird (Stein-Hilbers 1999, Tabelle 18a, S. 156). Rechtliche Schritte haben bei psychischer

Gewalt 1 Prozent und bei physischer Gewalt 9,6 Prozent der Befragten unternommen.[60] Die meisten Lesben reagierten bei psychischer/verbaler Gewalt mit Ignorieren (47,7%), Vermeidung (36,6%) und Ablehnung zeigen mittels Gestik und Mimik (36,1%). Bei körperlichen Angriffen wurde versucht, den Ort zu verlassen (8,6%), oder die betroffenen Lesben setzten sich körperlich zur Wehr (8,3%). Die Studie von Diana van Oort macht zu diesem Aspekt keine Angaben. In der Umfrage von Jens Dobler zu schwulenfeindlicher Gewalt werden folgende Angaben gemacht: 6 Prozent der Befragten hatten zumindest an Suizid gedacht, von denen zwei Personen tatsächlich mehrere Versuche unternommen haben. 35,3 Prozent der Betroffenen haben ihr schwules Leben eingeschränkt; 28,5 Prozent sind allgemein vorsichtiger geworden. 12,8 Prozent leiden unter Angst, Depressionen, Verfolgung und Schreckhaftigkeit. Summa summarum führte das direkte Erleben von Gewalt bei 90 Prozent der Betroffenen zu Verhaltensänderungen oder psychischen Folgen (Dobler 1993, S. 51). 10 Prozent der Opfer erstatteten Anzeige. Die häufigste Verarbeitungsstrategie war, Freunden das Geschehen zu erzählen. In den meisten Fällen reagierten die Freunde unterstützend und emphatisch. Doch auch hier wird festgestellt, daß dies nicht immer so ist. So wurden beispielsweise in 8,5 Prozent der Fälle den Opfern Vorwürfe gemacht. Autonome Beratungseinrichtungen wurden negativ bewertet, aber auch andere professionelle Einrichtungen schnitten nicht sehr gut ab (Dobler 1993, S. 55).

Interpretation

Es wird deutlich, daß die erlebte Gewalt direkte Folgen für die meisten betroffenen Opfer hat: Sie fühlen sich gedemütigt, erniedrigt und haben Angst. Viele Betroffene leben ihr Lesbischsein nicht so offen wie vorher, zeigen ihre Gefühle füreinander nicht mehr in der Öffentlichkeit und leben mit einer ständigen Anspannung und Aufmerksamkeit. Gewalt stellt folglich einen wesentlichen Faktor dar, Lesben in der Unsichtbarkeit zu halten oder sie in diese zu drängen. Es bleibt nicht aus, daß die Gewalt Einfluß auf das Selbstwertgefühl von betroffenen Lesben hat. Haben Lesben zum Beispiel Schuldgefühle und glauben, für die verübte Gewalt in irgendeiner Form verantwortlich zu sein, haben sie die Vorurteile gegenüber der lesbischen Lebensweise verinnerlicht und richten sie gegen sich selbst. Diese Form der Viktimisierung ist aus der Forschung zu frauenfeindlicher Gewalt bekannt. Haben Opfer ihren „niederen Status" verinnerlicht, fühlen sie sich für die Tat verantwortlich, während die Täter ihrer Verantwortung enthoben werden. Hinter dieser Struktur steckt oftmals der Wunsch nach Normalität und die Hoffnung, durch Anpassung Gewalt vermeiden zu können. Es ist eine Ideologie der Herrschenden: Die Opfer werden für die ihnen angetane Gewalt selbst verantwortlich gemacht. Die Hoffnung, durch Anpassung an Normen, zum Beispiel durch Unsichtbarkeit ein Stück Normalität zu erlangen oder möglicher Gewalt zu entgehen, ist eine irrige, denn Herrscher können jederzeit ihr Normen- und Wertesystem verändern, um ihre Macht zu sichern.

Die Reaktionen von Lesben zum Zeitpunkt der Angriffssituation scheinen sich von denen heterosexueller Frauen kaum zu unterscheiden. Sie reagieren mit Ignorieren, Ausweichen oder anderen Vermeidungsstrategien. Auch bei körperlichen Angriffen versuchen Lesben eher, den Ort zu verlassen, als sich in eine Auseinandersetzung zu begeben. Letzteres erscheint sinnvoll, um die körperliche Unversehrtheit zu gewährleisten. Das zuerst aufgeführte Verhalten, das vor allem bei verbalen Übergriffen anzutreffen ist, scheint sehr eng mit weiblicher Sozialisation und verinnerlichten Opferstrukturen verknüpft zu sein. Da verbale Übergriffe jedoch auch eine Vorlaufphase für körperliche Attacken sein können, ist es notwendig, auch bei verbalen Übergriffen dem Täter etwas entgegenzusetzen.[61] Der Täter will mittels einer „kleinen" Grenzüberschreitung herausfinden, wie das vermeintliche Opfer reagiert, um dann weitere Schritte planen zu können.

In der Verarbeitung der Gewalterfahrung spielt das unmittelbare soziale Umfeld eine große Rolle: Durch die gesellschaftliche Marginalisierung der lesbischen Lebensweise kommt der „Subkultur" und dem meist lesbischen Freundinnenkreis eine besondere Bedeutung zu: Eine der wesentlichen Aufgaben dieser „Solidargemeinschaft" besteht darin, sich zu unterstützen und zu bestärken. So genügt es offensichtlich vielen Lesben, die

Gewalterfahrung im und mit dem FreundInnenkreis zu verarbeiten. In die Rubrik „externe Maßnahmen“ fallen Selbstverteidigungskurse und Therapien, die genutzt werden, um unter anderem das „angeknackste“ Selbstwertgefühl wieder zu mobilisieren.

Der signifikante Unterschied zwischen der Bielefelder und der Frankfurter Studie in Hinblick auf das Anzeigeverhalten ergibt sich aus den unterschiedlichen Schwerpunkten der Umfragen: So kann angenommen werden, daß Angriffe im sozialen Nahraum weitaus seltener zur Anzeige gebracht werden als Übergriffe von fremden Tätern im öffentlichen Raum. Die Frankfurter Studie bezieht sich im Gegensatz zur Bielefelder eher auf den öffentlichen Raum. Dies könnte den signifikanten Unterschied erklären. Aus der Frankfurter Umfrage geht auch hervor, daß die wenigsten Fälle tatsächlich als lesbenfeindlich motivierte Übergriffe aufgenommen werden. Einerseits äußern betroffene Lesben dies nicht notwendigerweise, und andererseits wird das unempathische Verhalten der meist männlichen Polizisten beklagt. Eine Befragte äußerte gar, daß die Ablehnung und Herabsetzung durch die diensthabenden Polizisten weitaus schlimmer gewesen sei als der Übergriff selbst.

Autonome und professionelle Beratungsstellen werden selten in Anspruch genommen, da von ihnen kaum eine kompetente Unterstützung erwartet wird. Das drückt sich in den Erfahrungsberichten derjenigen aus, die sich dort Hilfe und Unterstützung erhofften. Sie trafen oftmals auf inkompetente MitarbeiterInnen, die das Geschehen abtaten oder den betroffenen Lesben das Gefühl gaben, nicht ernst genommen zu werden. Im Falle einer solchen Erfahrung kann der Viktimisierungsprozeß verstärkt werden, denn das Opfer fühlt sich isoliert und nicht verstanden.

Eine weitverbreitete mangelnde Sensibilität und Kompetenz derzeitiger potentieller Anlaufstellen heben die Wichtigkeit eines intakten FreundInnenkreises noch einmal hervor. Dies scheint einer der wenigen Räume zu sein, in denen betroffene Lesben Unterstützung, Empathie und Hilfe erwarten können. Dennoch treffen die Opfer auch hier nicht immer auf die benötigte Unterstützung und Zuwendung. Einige Teilnehmerinnen hätten sich mehr praktische Hilfe beispielsweise in Form von

Übernachtungsmöglichkeiten gewünscht, andere wiederum mehr psychische Unterstützung. Nicht alle Freundinnen reagierten mit angemessener Sensibilität, vor allem dann, wenn es sich bei der Täterin um die derzeitige Lebenspartnerin handelte. In anderen Fällen wurden vor allem psychische Gewalt und verbale Übergriffe verharmlost. Entziehen Freundinnen ihre Unterstützung, kann unter Umständen der Viktimisierungsprozeß verstärkt werden.

TäterInnen-Profile

Geschlechterverhältnis – Daten

Wie bereits ausgeführt, waren in über 80 Prozent der Angriffe nur Männer beteiligt. Frauen spielen als Täterinnen in dieser Studie eine untergeordnete Rolle. Von den Angriffen, an denen Männer beteiligt waren, waren diese in 15 Prozent der Fälle wiederum in Begleitung einer Frau. Leider gibt das Material keine Auskunft darüber, wie sich die Begleiterinnen in der Situation verhalten haben, zum Beispiel, ob sie den Täter unterstützten oder sich von ihm distanzierten oder gar „neutral" verhielten.

Vergleich

Die Berliner Studie gibt den Prozentsatz männlicher Täter mit 97,1 Prozent an, wobei diese Männer ohne weibliche Begleitung waren. In 1,3 Prozent waren Frauen beteiligt, wobei zwei von diesen in Begleitung eines Mannes und zwei weitere ohne männliche Begleitung waren. Auch die Bielefelder Umfrage bestätigt die Annahme, daß es sich bei den Tätern vorrangig um Männer handelt. Als Ausnahme wird die Polizei angegeben, wo körperliche Gewalt häufiger von einer Polizistin ausging, während verbale Übergriffe mehr von den männlichen Polizisten verübt wurde (Stein-Hilbers 1999, S. 149).

Interpretation

Die Daten lassen den Schluß zu, daß sich offensichtlich mehr Männer, die vermutlich heterosexuell leben, als Frauen von Lesben in ihrem Lebensentwurf bedroht fühlen. Da der heterosexuelle Lebensentwurf nach wie vor auf dem Prinzip der Dominanzkultur beruht, scheinen Lesben mittels ihrer Sichtbarkeit bestimmte Strukturen der heterosexuellen Dominanzkultur in Frage zu stellen, so beispielsweise die Zuordnung der Frau zum Mann sowie deren Unterordnung unter den Mann. Die reale Lebenssituation und die Einstellungen von Lesben müssen nicht zwangsläufig mit den mutmaßlichen Ängsten der Täter übereinstimmen. Zweifelsohne gibt es lesbische Beziehungen, die in ihren Strukturen heterosexuelle Werte und Normen widerspiegeln und die Dominanzkultur nicht in Frage stellen. Doch dieses Wissen entzieht sich offensichtlich vielen Männern. Von zentraler Bedeutung ist eher die Tatsache, daß Lesben Männern nicht mehr zur Verfügung stehen, sei es als freiwillige Sexualobjekte oder als Partnerin. Die heterosexuelle Dominanzkultur beruht auf der Verfügbarkeit von Frauen für Männer. Diese wird durch die lesbische Lebensweise unterminiert. Offensichtlich reagieren Männer auf diese Tatsache mit Gewalt.

Bekanntschaftsgrad zwischen Opfer und Täter – Daten

Die überwiegende Mehrheit der Täter ist den Opfern unbekannt (58%).[62] An zweiter Stelle folgen mit 13 Prozent die Nachbarn, danach Täter, die aus dem Bekanntenkreis stammen (10%). In 5 Prozent der Fälle war der ehemalige Ehemann der Täter; in 4 Prozent der Fälle handelt es sich um ArbeitskollegInnen. In 3 Prozent stammen die Täter aus der Herkunftsfamilie des Opfers. Ebenfalls in 3 Prozent der Fälle handelte es sich um die ehemalige Lebensgefährtin, in jeweils 1 Prozent um die derzeitige Lebensgefährtin, eine Autoritätsperson oder stammt aus dem Freundeskreis.

Vergleich

Die Berliner Studie gibt an, daß 98,4 Prozent der Täter den Opfern unbekannt war.[63] Die Bielefelder Umfrage hat eine andere Zuordnung vorgenommen, die es erschwert, eine Relation herzustellen. In der Studie wird eine Zuordnung zwischen Gewaltform (verbale und psychische Gewalt, sexualisierte Gewalt und körperliche Gewalt) und Lebensraum (Familie/Ex-

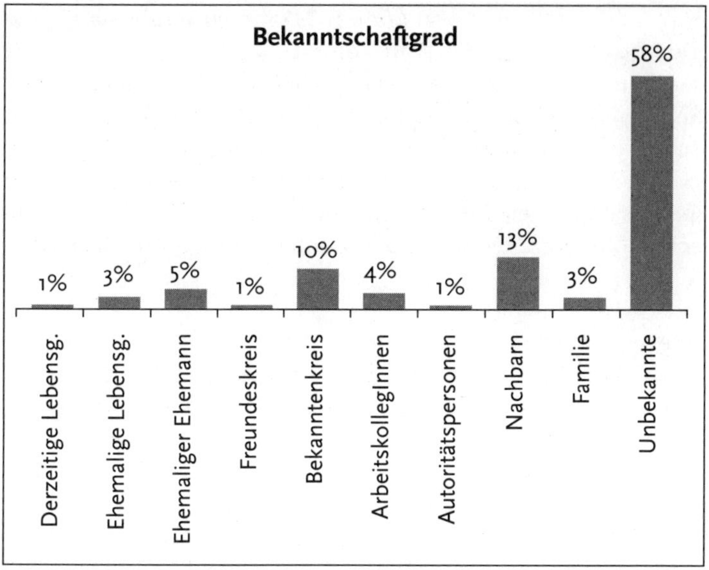

Graphik 12: Bekanntschaftsgrad (n=77)

Partner, Beruf/Schule, Bekannten-/FreundInnenkreis, Fremde/Öffentlichkeit) vorgenommen. Die Kernaussage der Bielefelder Studie ist, daß bestimmte Gewaltformen in bestimmten sozialen Kontexten häufiger anzutreffen sind als in anderen. So gehen die Autorinnen davon aus, daß gerade körperliche Gewalt und sexualisierte Gewalt besonders im öffentlichen Raum geschehen (Stein-Hilbers 1999, S. 141). Schwere sexuelle Gewaltdelikte und verbale Ausgrenzungen wurden wiederum eher im familiären Kontext vorgefunden, „während körperliche Übergriffe, Belästigungen und Beschimpfungen eindeutig dem öffentlichen Raum zugeordnet werden“ (S. 141). Das Fazit der Bielefelder Umfrage bezüglich des Bekanntschaftsgrads ist, daß sowohl bei körperlichen Angriffen als auch verbaler und psychischer Gewalt männliche Täter, die den Frauen unbekannt waren, überwiegen. So bezieht sich mehr als die Hälfte der Angaben auf diesen Täterkreis (S. 149).

In der Studie zu (sexueller) Gewalt gegen Lesben und bisexuelle Frauen stellt Diana van Oort fest, „daß die Mehrheit der

Fälle schwerer Gewalt von (guten) Bekannten verübt wird" (Van Oort 1992, S. 37). Van Oort kommt zu dem Schluß, daß die meisten Täter männlichen Geschlechts sind, wobei je nach dem Setting (Arbeitsplatz, Wohnumfeld usw.) implizit von unterschiedlichen Bekanntheitsgraden ausgegangen wird.

Das Täterbild, das von Jens Dobler zu schwulenfeindlicher Gewalt entworfen wird, entspricht dem von jungen, ausländischen Männern, die den Opfern unbekannt sind (Dobler 1993, S. 56).

Interpretation

Es kann die These aufgestellt werden, daß bei lesbenfeindlicher Gewalt der Anteil an unbekannten männlichen Tätern vergleichsweise höher liegt als bei frauenfeindlicher Gewalt. Dort wird davon ausgegangen, daß die meisten Täter (über 80%) dem Opfer bekannt sind. Es läßt sich jedoch nicht eindeutig das Verhältnis von fremden zu bekannten Tätern bestimmen. Wie von den Berlinerinnen selbst festgestellt wird, erfaßt ihre Befragung eher Gewalttaten im öffentlichen Raum und weniger im Privatbereich. Dies erklärt den signifikanten Unterschied zu dieser und der Bielefelder Studie, die auch den familiären Bereich mit einbeziehen. Immerhin sind in der vorliegenden Umfrage 42 Prozent der Täter den Opfern bekannt, was darauf schließen läßt, daß auch der private Bereich keinen geschützten Raum für Lesben darstellt. Bemerkenswert an der Bielefelder Studie und der von Diana van Oort ist die Tatsache, daß *schwere* Sexualdelikte aufgrund der sexuellen Orientierung eher in der Familie oder dem engen Freundeskreis (zu dem auch ehemalige Partner gehören) anzutreffen sind. In Hinsicht auf Tatort und Art der Gewalt zeigt die Bielefelder Untersuchung ein sehr differenziertes Bild auf.

Auf einen Punkt sei an dieser Stelle hingewiesen: Viele Lesben haben ein recht spätes Coming-out, das heißt, das innere und äußere Bekennen zu einer lesbischen Lebensweise muß nicht zwangsläufig im jugendlichen Alter erfolgen. Gesellschaftliche Vorurteile und Stigmatisierungen tragen dazu bei, daß viele Frauen erst zu einem späten Zeitpunkt ihre Homosexualität akzeptieren und leben können. Viele Frauen – gerade der älteren Generation – waren verheiratet und haben Kinder. In der vorliegenden Studie spielen Übergriffe durch den ehemaligen Ehemann eine untergeordnete Rolle. Ehemalige Ehemänner stehen jedoch mit 5 Prozent an vierter Stelle der Tätergruppen und stellen eine nicht zu unterschätzende Bedrohung für Lesben in ihrem Coming-out dar. Einige (ehemalige) Ehemänner scheinen nur mit Gewalt auf den Kontroll- und Machtverlust gegenüber ihrer (ehemaligen) Partnerin reagieren zu wollen oder zu können.

Alter der Täter – Daten

Bei Lesben kristallisiert sich eine Struktur heraus, die primär von jungen Tätern geprägt ist. Dominiert wird die Gruppe von 22- bis 28jährigen Tätern (29%), gefolgt von den unter 21 Jahre alten Tätern (23%).[64] Doch auch die anderen Altersgruppen sind in einer nicht geringen Anzahl vertreten, so sind immerhin 8 Prozent der Täter über 50 Jahre alt, 6 Prozent zwischen 44 und 50 Jahre, 8 Prozent zwischen 37 und 43 Jahren und 12 Prozent zwischen 29 und 36 Jahre alt. Da es sich bei der Gewaltausübung meist um eine Kombination von physischer, psychischer und/oder sexueller Gewalt handelt, läßt dies eine altersspezifische Zuordnung von Gewaltform und Alter nicht zu.

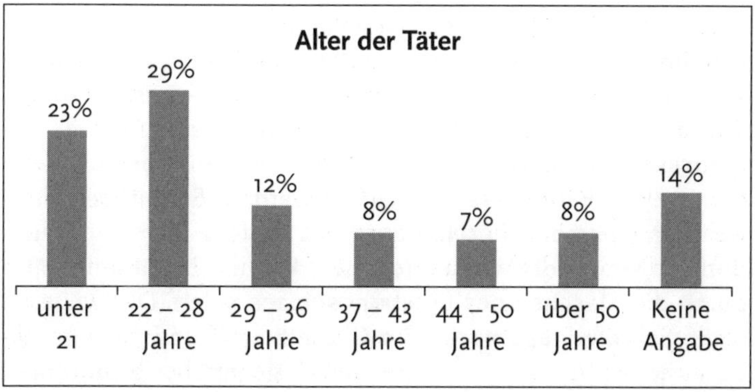

Graphik 13: Alter der Täter

Vergleich

Die Berliner Studie gibt folgende Daten an: 37 Prozent der Tatpersonen waren bis 18 Jahre alt, 42,1 Prozent zwischen 18 und 25. Das bedeutet, daß bei der Gewalt im öffentlichen Raum 79,1 Prozent der Täter junge Männer sind.[65] Bei einem Vergleich der Berliner Studie mit der von mir durchgeführten ist ein signifikanter Unterschied in der Altersstruktur der Täter festzustellen. Dies kann an verschiedenen Faktoren liegen: So erfaßt die vorliegende Umfrage im höheren Maß auch Übergriffe im Nahraum der Opfer, in dem beispielsweise auch die Eltern der Partnerin, der ehemalige Ehemann, Freunde und Nachbarn Täter sind. Dies führt zu einer Verschiebung der Altersstruktur. Weder in der Bielefelder Studie noch in der von Diana van Oort werden explizite Angaben zur Altersstruktur der Täter gemacht. In der Umfrage von Jens Dobler zu schwulenfeindlicher Gewalt wird die Feststellung getroffen, daß es sich bei den meisten Tätern um junge Männer bis 22 bzw. 25 Jahre handelt, jedoch nach oben keine Altersgrenze gesetzt wird. Jens Dobler zieht daraus den Schluß, daß es sich bei schwulenfeindlicher Gewalt um ein altersunabhängiges Phänomen handele, welches in der Jugendphase allerdings verstärkt vorkomme.

Interpretation

Gewalt gegen Schwule wird in der öffentlichen Diskussion oftmals als ein gruppenspezifisches Phänomen, als Jugendkriminalität, dargestellt. Dieser Darstellung wird durch die vorliegenden Studien sowohl zu lesbenfeindlicher als auch zu schwulenfeindlicher Gewalt eine adäquate Argumentationsgrundlage gegeben. Es gibt jedoch mehrere Punkte, die berücksichtigt werden müssen: Zum einen muß bedacht werden, welche Räume (Tatorte) erfaßt werden. Entfällt beispielsweise der persönliche Nahraum des Opfers (Familie, FreundInnen, Verwandte, Bekannte usw.), können bestimmte Täter durch die Maschen des Erhebungsnetzes fallen. Des weiteren stellt sich die Frage nach dem Gewaltbegriff und nach gesellschaftlichen Verhältnissen, die Gewalt gegenüber bestimmten Zielgruppen, nämlich sozialen Minderheiten, legitimieren bzw.

nicht sanktionieren. Je weiter ein Gewaltbegriff gefaßt wird, desto differenzierter zeigt sich das Täterprofil.

Auch ist es möglich, daß bestimmte Formen von Gewalt eher in bestimmten Altersgruppen anzutreffen sind. So kann es sein, daß sich Jugendliche besonders in Gruppen für unangreifbar und unverletzbar halten. Daher gehen sie vielleicht eher das Risiko einer körperlichen Auseinandersetzung ein. Zudem befinden sich viele junge Männer selbst in der Phase der Identitätskonstituierung, die auch mit einer Abgrenzung einhergeht. Da ein allgemein verbreitetes vorurteilsbeladenes Bild gegenüber Lesben und Schwulen die möglicherweise gewalttätige Abgrenzung legitimiert, ist dieser Schritt ein relativ kleiner. Auch gehört zu dem Männlichkeitsbild ein bestimmtes Aggressionspotential, das diesen Schritt noch fördern kann. Psychische Gewalt wiederum findet sich in jeder Altersstruktur, also bei Jugendlichen ebenso wie bei älteren Menschen. Dies bedeutet nicht, daß Senioren nicht fähig sind, physische Gewalt auszuüben. Es geht vielmehr darum, ein „passendes" Opfer zu finden, von dem angenommen wird, daß es den eigenen körperlichen Befindlichkeiten unterlegen ist bzw. von dem keine Gegenwehr erwartet wird. Sexualisierte Übergriffe sind bei lesbenfeindlicher Gewalt in jeder Altersstruktur anzutreffen. Das heißt, daß junge Männer schon recht früh lernen, dies als eine Methode zu betrachten, vermeintlich verlorengegangene Macht und Kontrolle über Lesben und andere Frauen wiederzugewinnen. Auch hier kann von einer gesellschaftlichen Legitimation gesprochen werden, die sich unter anderem an dem geringen Strafmaß für die Täter ausdrückt. Die Notwendigkeit des Wissens über die Altersstruktur der Täter ist in Hinsicht auf die Präventionsarbeit unumgänglich.

Anzahl der Täter – Daten

Die Mehrzahl der Täter bewegt sich in einer Gruppe von zwei bis vier Personen (43 Prozent), und in 9 Prozent der Fälle handelte es sich um Gruppenangriffe von fünf bis sieben Personen. Ein Angriff fand mit einer Tätergruppe von mehr als zehn Personen statt. Der Anteil der Einzeltäter beträgt 34 Prozent. 12

Prozent der befragten Lesben machten zur Anzahl der Täter keine Angaben. Das betrifft vorrangig diejenigen, die davon ausgingen, nicht von Gewalt betroffen zu sein. Werden die Fälle, für die keine Angaben gemacht wurden, mit einem Einzeltäter bedacht, steht das Verhältnis von Einzeltätern zu Gruppenangriffen 46 zu 54 Prozent.

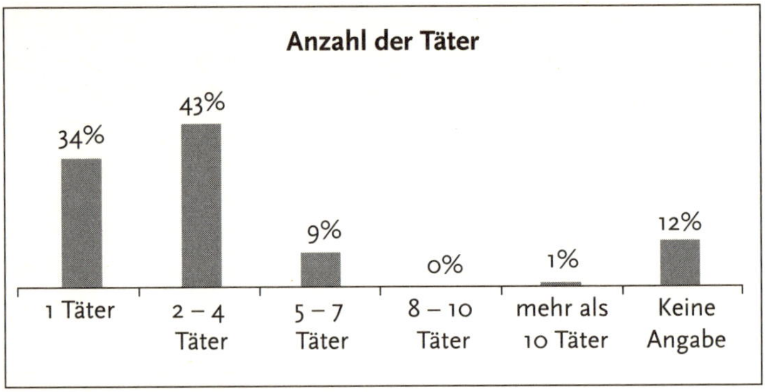

Graphik 14: Anzahl der Täter (n=76)

Vergleich

In der Berliner Studie wurde festgestellt, daß in 21,4 Prozent der Fälle die Tat von einer Einzelperson verübt worden war.[66] Zwischen der Berliner und der Frankfurter Umfrage ist kein signifikanter Unterschied festzustellen. Die Bielefelder Studie stellt zu diesem Punkt keine explizite Erhebung an. Sie stellt jedoch fest, daß zirka ein Viertel der Angaben sich auf eine Tätergruppe bezieht, wobei der Kontext, das heißt, ob es sich um die Familie oder um Fremde handelte, nicht deutlich wird (Stein-Hilbers 1999, S.148). Bei Gewalt gegen Schwule müssen die Opfer in 68 Prozent der Fälle damit rechnen, auf mehr als einen Täter zu treffen (Dobler 1992, S. 54). Nach der Studie von David Comstock traten in 49 Prozent der Angriffe gegen Lesben die Täter in einer Gruppe von zwei und mehr Tätern auf; in 51 Prozent der Fälle handelte es sich um Einzeltäter. Bei der Gewalt gegen Schwule waren die Täter in 52 Prozent der Fälle Einzeltäter und in 48 Prozent zu zweit oder mehr (Comstock 1991, S. 63).

Die aufgeführten Daten stehen im Gegensatz zu Gewalt gegen Frauen, bei der der Anteil von Gruppenangriffen unter 10 Prozent liegt: Die von der Kriminalhauptkommissarin Susanne Paul 1993 in Hannover durchgeführte Untersuchung über vollzogene und versuchte Vergewaltigungen[67] belegt, daß in 91,3 Prozent der Fälle die Frauen von Einzeltätern angegriffen worden waren. In nur 5,5 Prozent der Fälle waren es zwei Täter und in 3,1 Prozent der Fälle mehr als zwei. Besonders bemerkenswert ist auch die Tatsache, daß in keinem einzigen Fall der Gruppenangriffe die Frauen auf bewaffnete Täter trafen.

Interpretation

Der Unterschied zwischen der Bielefelder und der Berliner und meiner Studie entsteht wahrscheinlich durch die unterschiedlichen Schwerpunkte der jeweiligen Arbeiten. So beziehen sich die meisten Daten der Bielefelder Untersuchung auf den familiären Kontext (65,2%; Stein-Hilbers 1999, S.148), während sich die Schwerpunkte der Berliner und der vorliegenden Studie mehr oder weniger auf den öffentlichen Raum beziehen. Die Schlußfolgerung kann lauten, daß Angriffe gegen Lesben im öffentlichen Raum verstärkt durch Gruppen stattfinden. Aber auch im familiären Raum scheinen gewalttätige Übergriffe häufiger als vergleichsweise bei frauenfeindlicher Gewalt durch eine Gruppe von Tätern stattzufinden. Es kann angenommen werden, daß Lesben zirka vier- bis fünfmal so häufig wie Frauen, die für heterosexuell gehalten werden, in Gruppen angegriffen werden. Dies kann unter anderem an dem Umstand liegen, daß die Altersgruppe der Täter vor allem von Jugendlichen dominiert wird, die eher in Gruppen agieren. Die Dynamik von Gruppenangriffen zeichnet sich durch die Zunahme von Brutalität aus, da innerhalb der Gruppe oftmals ein Profilierungsdruck besteht.

Nationalität der Täter

Jens Dobler zitiert in seiner Studie zu schwulenfeindlicher Gewalt eine Erhebung des Schwulen Überfalltelefons Berlin, in der festgestellt wird, daß 28,2 Prozent der Täter deutschsprachig und 42,2 Prozent nicht-deutschsprachige Täter seien. 2,8

Prozent der Befragten gaben zur Nationalität des Täters „multinational“ an, 26,1 Prozent machten keine Angaben. Jens Dobler stellt fest, daß „zwar rechtsradikale Motive eine wichtige Rolle bei antischwuler Gewalt [spielen], aber nicht die entscheidende. Deutlich ist dies am hohen Ausländeranteil zu sehen.“ (Dobler 1992, S. 56) Der Autor geht sogar weiter: „[...] ist es ein offenes Geheimnis, daß bis vor kurzem Ausländer mit islamischer Religionszugehörigkeit oder den islamischen Kulturkreisen Zugehörige den überwiegenden Teil ausländischer Täter stellen“ (S. 57). Im weiteren Verlauf relativiert er seine Aussagen, so beispielsweise, daß „in jüngster Zeit vermehrt auch Polen und Rumänen als Täter in Erscheinung [treten]“. Schließlich kommt er zu dem Schluß, daß die Täter zu zwei Dritteln Deutsche und zu einem Drittel Ausländer seien. Wie er nach obigen Ausführungen zu diesem Schluß kommt, wird nicht deutlich. Auffallend ist auch, daß die Angaben zu den ausländischen Tätern deutlich hervorgehoben werden, die Schlußfolgerung, die diese Angaben relativiert, jedoch im Text fast untergeht. Interessant ist in diesem Zusammenhang auch die Verknüpfung mit der islamischen Kultur. Durch die Art der Präsentation wird eindeutig ein Bild vermittelt, das den Täter als ausländisch und der islamischen Kultur zugehörig darstellt. Dadurch werden Vorurteile und Rassismus gefördert.

Die Berliner Studie zu lesbenfeindlicher Gewalt macht ebenfalls Angaben zu der Nationalität der Täter: Gemäß dieser Umfrage waren 18,8 Prozent vermutlich nicht-deutscher Herkunft. Die Berliner Studie gibt jedoch keine Auskunft über Herkunft und Nationalität der betroffenen Opfer. Dadurch ist nicht festzustellen, ob es sich um Übergriffe innerhalb der gleichen ethnischen Gruppe handelt, oder ob Opfer und Täter unterschiedliche ethnische Hintergründe aufweisen.

In den aufgeführten Beispielen wird ein kausaler Zusammenhang zwischen Nationalität und Tatmotiv bzw. Tätermotiv hergestellt. Jens Dobler geht sogar weiter und stellt einen kausalen Zusammenhang zwischen der Religionszugehörigkeit und schwulenfeindlicher Gewalt her. In den meisten soziologischen Untersuchungen werden neben Einkommen, Alter, Wohnsitz usw. auch die Nationalität abgefragt. Dies ist eine übliche soziologische Praxis, um ein Gesamtbild zu erhalten. Problematisch wird das Ganze dann, wenn Zusammenhänge hergestellt werden, die nicht weiter hinterfragt werden. Meistens wird nur bei den Tätern und Täterinnen die Herkunft benannt, nicht jedoch bei den Opfern. Da wird davon ausgegangen, daß *ein* signifikantes Merkmal, zum Beispiel Frau oder Lesbe, ausreicht, um das Opfer umfassend zu beschreiben. Die Angabe von Nationalität und ethnischer Herkunft ist nur dann sinnvoll, wenn beispielsweise der Frage der innerethnischen Gewalt nachgegangen wird. Studien aus den USA belegen, daß die meiste Gewalt innerhalb der gleichen ethnischen Gruppe stattfindet, also ein weißer amerikanischer Mann eine weiße amerikanische Frau vergewaltigt, ein hispanischer Mann eine hispanische Frau. Vergleichbare Daten für Deutschland sind sehr schwierig zu erheben.

Auch die deutsche Kriminalstatistik führt gerne die Nationalität der Täter auf, um zu dem Schluß zu kommen, daß der Anteil ausländischer Straftäter gemessen an deren Anteil an der Bevölkerung sehr hoch sei. Ohne Zweifel begehen auch Migranten und Migrantinnen Straftaten, wobei ein Großteil dieser sich auf Verstöße gegen das Ausländergesetz bezieht. Ein kausaler Zusammenhang zwischen der Nationalität *per se* und der Kriminalität ist schlichtweg falsch. Warum Menschen kriminell werden, hängt von vielen Faktoren ab, zum Beispiel von der wirtschaftlichen Lage, der Erziehung, der persönlichen Einstellung oder der Hemmschwelle. Bei frauenfeindlicher Gewalt kommt zweifellos noch der kulturelle Einfluß hinzu. Sexismus und Homosexuellenfeindlichkeit mögen kulturspezifische Ausdrucksformen haben, doch existieren sie in den meisten heteropatriarchalen Kulturen. Niemand kann so tun, als ob die deutsche Kultur besonders frauenfreundlich wäre und deutsche Männer die Frauen in dieser Gesellschaft besser behandeln würden als Männer in anderen Kulturen. Analog gilt diese Argumentation auch für die verschiedenen Religionen dieser Welt.

Die Frage nach der Nationalität der Täter ist in Hinblick auf Präventionsarbeit sehr sinnvoll. Wie die aufgeführten Beispiele zeigen, kann bei noch so gutem Willen nicht vermieden werden, mit Nennung der Nationalität des Täters und ohne Nennung der Nationalität der Opfer bestimmte Feindbilder zu verfestigen oder gar zu fördern. Besonders die Studie von Jens Dobler zeigt, daß das Hinterfragen eigener Unterdrückungsstrukturen noch lange nicht bedeutet, eigene TäterInnenanteile offenzulegen und globale Zusammenhänge herzustellen.

Die Schlußfolgerung dieser Ausführungen ist, daß ich bewußt auf eine Analyse des Tätermotivs in bezug auf die Nationalität verzichte, um hier nicht rassistischen Denkstrukturen Vorschub zu leisten. Auch halte ich eine Analyse für schwierig, da nicht davon auszugehen ist, daß die Gewaltopfer frei von Rassismus und gesellschaftlich vermittelten Vorurteilen sind, die letztlich auch deren Wahrnehmung verändern. Durch eine selektive Wahrnehmung wird die statistische Auswertung a priori verfälscht und könnte möglicherweise nur die Gesellschaft mit ihren Vorurteilen widerspiegeln.

Alkohol/Drogen und Gewaltbereitschaft – Daten

In 54 Prozent der Fälle wurde *nicht* angenommen, daß der bzw. die Täter unter Alkoholeinfluß oder anderen Drogen standen. In 16 Prozent wurde vermutet, daß die Täter unter leichtem Alkohol- oder Drogeneinfluß standen, in 7 Prozent standen die Täter unter mittelstarkem Alkoholeinfluß und in 4 Prozent der Fälle unter starkem Alkohol- bzw. Drogeneinfluß. 19 Prozent der Teilnehmerinnen machten dazu keine Angaben.[68]

Vergleich

Die Bielefelder Studie differenziert zwischen körperlicher Gewalt und verbalen Übergriffen. So standen bei körperlichen Angriffen 8,2 Prozent der Täter unter Alkoholeinfluß, bei verbalen Übergriffen 21,8 Prozent.[69] Die Bielefelder Umfrage bestätigt meine Angaben, da die Konfidenzintervalle beider Arbeiten Überschneidungen aufweisen.

Interpretation

Aus den aufgeführten Daten kann geschlossen werden, daß nicht notwendigerweise ein Zusammenhang zwischen aggres-

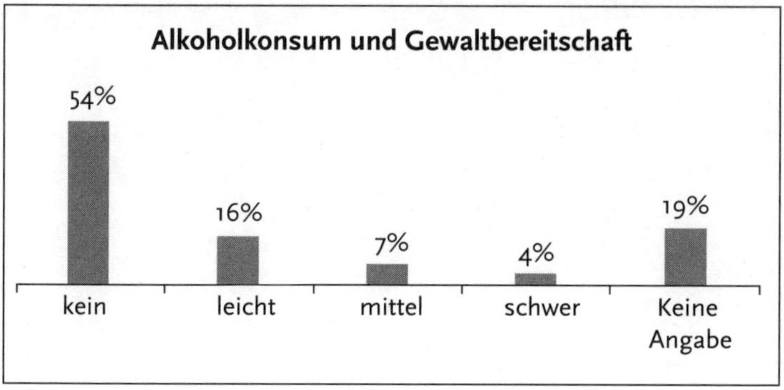

Graphik 15: Alkoholkonsum und Gewaltbereitschaft (n=74)

sivem und diskriminierendem Verhalten einerseits und Alkoholkonsum andererseits besteht. Die meisten Täter verleihen durch ihr diskriminierendes Verhalten ihren Vorurteilen Ausdruck. Da sich die meisten in ihren Ansichten, Einstellungen usw. einer dominanten gesellschaftlichen Gruppe zugehörig fühlen, kann nicht notwendigerweise von einem spezifischen Unrechtsbewußtsein ausgegangen werden. Das Thema Alkohol und andere Drogen ist von Bedeutung, um dem weitverbreiteten Vorurteil, Alkohol mache Täter aggressiv und unkontrolliert, etwas entgegenzusetzen. Am Beispiel Alkoholkonsum läßt sich eindeutig feststellen, daß die Täter für ihr Handeln verantwortlich sind – und die Verantwortung zu tragen haben.

Bei Gruppenangriffen kann Alkohol jedoch eine Rolle spielen. Neben dem Alkoholkonsum kommt in diesem Zusammenhang sicherlich noch der Aspekt des Alters der Täter hinzu. Da sie häufig zwischen 20 und 28 Jahre alt sind, kann eine hohe Korrelation zwischen Gruppe, Alter und Alkoholkonsum vermutet werden. Die zunehmende Brutalität ist jedoch nicht dem Alkoholkonsum zuzuschreiben, sondern der Dynamik, der eine Gruppe unterliegt. Die Gewalt in der Gruppe eskaliert, da jeder dem anderen beweisen muß, mindestens ebenso hart zu sein, wie jedes andere Mitglied, oder aber eben noch härter. Mit der zunehmenden Brutalität wird der Status des einzelnen innerhalb der Gruppe gefestigt und gestärkt.

KAPITEL 5

Interviews

Es wurden sowohl von Dipl.-Psych. Claudia Gutmann von der Lesben-Informations- und Beratungsstelle in Frankfurt/M. als auch von mir Interviews durchgeführt, um herauszufinden, ob und in welchem Maß die jeweiligen Gewalterfahrungen das Leben der betroffenen Lesben beeinflußt haben.

Der Interview-Leitfaden umfaßt fünf Themen:

- Was haben Sie erlebt?
- Wie würden Sie Ihren Umgang mit der Gewalterfahrung, Ihre Verarbeitungsstrategie beschreiben?
- Was sind die direkten Folgen der Gewalt?
- Gibt es etwas, das Sie sich unmittelbar danach gewünscht hätten?
- Was denken Sie, welche Auswirkungen das Erlebte auf Ihr weiteres Leben hat(te)?

Im folgenden werden die Interviews zunächst kommentarlos wiedergegeben. Die Interviews dauerten zirka eine Stunde. Um die Anonymität der Teilnehmerinnen zu wahren, erhalten diese neue Namen in alphabetischer Reihenfolge.

Anja

26 Jahre alt, Studentin, weiß, deutsch, in einer Beziehung lebend. Wohnhaft in einer Stadt mit über 100.000 EinwohnerInnen. Frage 19, „Wurden Sie Opfer einer oder mehrerer lesbenfeindlich motivierter Gewalttaten?“, wurde mit Nein beantwortet.

Ich hatte ja schon im Fragebogen geschrieben, daß ich nicht weiß, ob meine Erfahrung als Gewalt zu definieren ist. Es handelt sich, wenn überhaupt, nur um verbale Gewalt. Als es mir wegen meiner Eltern nicht so gut ging, ging ich mit meiner Freundin am Main spazieren. Wir setzten uns auf eine Wiese und saßen recht eng beieinander. Meine Freundin nahm mich in den Arm und drückte mich. Im Abstand von fünf Metern saßen vier Jugendliche im Alter von zirka 15, 16 Jahren, zwei Jungs und zwei Mädchen. Wir merkten recht schnell, daß die Jugendlichen häufig zu uns herüberschauten, sich unterhielten und dann wieder zu uns herüberschauten. Plötzlich sagte der eine: „Wenn meine Kinder schwul wären, würde ich ihnen das rausprügeln.“ Ich fühlte mich total gekränkt, verletzt und war wütend. Ich drehte mich zu ihm und sagte, daß er den Mund halten und sich gefälligst raushalten solle. Doch der Junge machte weiter und sagte, dies sei ja wohl das Letzte, wie Menschen nur so sein könnten, und wiederholte seine Bemerkung. Da meine seelische Verfassung zu diesem Zeitpunkt generell nicht so gut war, merkte ich schnell, daß ich mich auf keine weitere Diskussion einlassen wollte und konnte. Ich sah auch keinen Sinn darin, einen Versuch zu unternehmen, vernünftig mit ihm zu reden. Also begab ich mich auf sein Niveau und sagte ihm erneut, daß er seinen Mund halten solle.

Ich sagte zu meiner Freundin, daß ich die Situation nicht ignorieren könne und nicht mehr bleiben wolle. So ergriffen wir die Flucht. Ich habe mich wirklich wie auf der Flucht gefühlt. Das hat mich schon geärgert, weil ich das Gefühl hatte, die Jugendlichen hätten gewonnen. Die beiden Mädchen haben immer wieder versucht, die Situation abzumildern. Sie sagten den Jungen, daß sie endlich ruhig sein sollten, und zu uns, daß sie dies nicht so meinen würden. Als wir gingen, kamen die beiden Mädchen hinter uns hergerannt und baten uns, stehen zu bleiben. Sie entschuldigten sich für das Verhalten ihrer Freunde und sagten, daß sie selbst nicht so denken würden wie sie. Nach ihrer Meinung sollten alle Menschen so leben können, wie sie es möchten, und sie wollten keinesfalls andere Menschen diskriminieren, aus welchen Gründen auch immer. Wir antworteten, daß wir ihre Entschuldigung zwar recht nett fänden, aber es eigentlich nicht ihre Sache sei. Vielmehr sei es an ihren Freunden, sich zu entschuldigen. Die Mädchen versprachen uns, mit den Jungen zu reden.

Ich habe diese ganze Situation als sehr angreifend empfunden. Ich befand mich zu dem Zeitpunkt bereits in einer sehr verletzbaren Position, da es mir psychisch nicht sehr gut ging. Der Grund war mein lesbisches Leben und die Tatsache, daß meine Eltern zu diesem Zeitpunkt nicht damit klar kamen. Sie hatten Mitleid und fragten sich und mich ständig, wieso ich mir einen so schweren Lebensweg ausgesucht hätte, wo ich doch ständig damit rechnen müsse, angegriffen und diskriminiert zu werden. Der Rädelsführer schlug in die gleiche Kerbe, was mich um so mehr verletzte. Zu einem anderen Zeitpunkt hätte ich vielleicht gedacht, „laß die doch schwätzen", aber da war es nicht so.

Mit meiner Reaktion war ich nicht sehr glücklich, denn ich wußte mir nicht anders zu helfen, als mit den gleichen Mitteln zu reagieren. Aus Erfahrung weiß ich, daß das nichts bringt. Ich habe mir später viele Gedanken gemacht, was ich hätte sagen können, um anders aus der Situation herauszukommen. Ich hatte mir überlegt, ihn in seiner Männlichkeit zu treffen, um ihn zu erreichen. Meines Erachtens wollte er sich vor seinem Freund und vor den Mädchen profilieren. Ich hätte ihn treffen wollen, damit er vor den anderen wieder an Stärke verliert. Aber in diesem Moment war mir das nicht möglich. Natürlich habe ich mir auch überlegt, warum er so eine Meinung vertritt, ob er vielleicht selbst geschlagen worden ist usw.

[...] Natürlich habe ich schon seltsame Blicke oder dumme Bemerkungen gehört. Je nachdem, wie es mir geht, schränke ich mich in meiner persönlichen Freiheit ein. Ich habe nicht immer Lust, von irgend jemandem zu hören, „Igitt", oder blöd angeschaut zu werden. Dann treffe ich bewußt die Entscheidung, nicht Händchen zu halten oder Arm in Arm zu gehen. Ich unterlasse das dann bewußt, weil ich es nicht ertrage, belästigt zu werden.

Es gibt aber auch Tage, an denen ich denke: „Gerade jetzt erst recht!“ Wenn mir dann jemand blöd kommt, weiß ich, daß ich die Kraft habe, etwas zu erwidern und so in gewisser Weise „Öffentlichkeitsarbeit“ zu leisten. Ich möchte sichtbar sein, für lesbische Frauen sichtbar sein, und nehme dafür die Belästigung in Kauf.

Dieses Erlebnis auf der Wiese am Mainufer führte dazu, daß ich mich die darauffolgende Zeit vorsichtiger im öffentlichen Raum bewegt habe. Ich denke, daß diese Erfahrung noch relativ harmlos war, und wenn ich mir vorstelle, daß ich noch anders diskriminiert werden könnte, hätte dies bestimmt noch mehr Auswirkungen auf mein Leben.

Die Belästigungen, die ich erlebt habe, Blicke, Bemerkungen usw. sind eindeutig auf mein lesbisches Leben zurückzuführen. Es ist mir sehr wichtig, das von frauenfeindlicher Gewalt zu unterscheiden. Wäre diese Freundin am Mainufer eine fürsorgliche heterosexuelle Freundin gewesen, wäre das sicherlich nicht passiert. Es ist schlichtweg etwas anderes, ob eine gute Freundin oder deine Partnerin dich tröstet. Es sind unterschiedliche Bilder, die nach außen getragen werden.

Ich habe mein Erlebnis dann auch in meinem heterosexuellen Freundes- und Bekanntenkreis erzählt. Meine Erfahrung mit meinem engen Bekanntenkreis ist, daß alle nach außen hin sehr offen sind und gut mit meinem Lesbischsein umgehen können. Trotzdem fühle ich mich oft unverstanden und spüre diese abwehrende Haltung: „Was wollt ihr denn noch? Was beschwert ihr euch denn noch? Die Gesellschaft ist doch tolerant, und es hat ja niemand was dagegen.“ Jetzt bekommen wir bald noch die gleichen Rechte, und dann sind wir alle gleich. Mir ist es jedoch wichtig, zu erzählen, daß es eben nicht so ist, wie es sich viele vorstellen. Dieses Unverständnis in meinem Bekanntenkreis führt zu Trauer und Wut über meine Hilflosigkeit. Andere Unterstützung hätte ich mir allerdings nicht holen wollen; die Möglichkeit, von meinen Erfahrungen erzählen zu können, war für mich ausreichend. Natürlich hilft mir das Erzählen auch, darüber hinwegzukommen und das Geschehene zu verarbeiten. Weitere Unterstützung habe ich mir nicht geholt.

Die Art und Weise, mit solchen Erlebnissen fertig zu werden, hängt meines Erachtens einerseits von der eigenen Fähigkeit ab, mit Problemen umzugehen. Andererseits ist es jedoch auch ein gesellschaftliches Problem. Wäre das gesellschaftliche Bild von Lesben ein anderes, könnte das helfen, besser mit gewalttätigen Erlebnissen umzugehen. Betroffene Lesben müßten sich nicht so alleine und isoliert fühlen. Lesben fühlen sich oft aus der Gesellschaft ausgeschlossen, was die Diskriminierung noch verstärkt. Wäre ein stärkerer gesellschaftlicher Rückhalt gegeben, würde dies einen aktiveren Umgang mit Diskriminierung ermöglichen.

Zusammenfassend kann ich sagen, daß die allgemeine gesellschaftliche Situation, das ständige Risiko, angemacht zu werden, bei mir dazu führt, daß ich mein Leben und mein Wirken nach außen stark kontrolliere. Ich beobachte die anderen, beobachte mich, achte auf die Uhrzeit usw. Das ist nicht immer so, aber an bestimmten Tagen, an denen ich mich unsicher fühle, bin ich vorsichtiger.

Dennoch definiere ich die Situation und meine Lebenssituation nicht als Gewalt. Es ist die Frage, wo Gewalt anfängt und wo sie aufhört. Es ist sicherlich Belästigung, aber unter Gewalt verstehe ich mehr körperliche Gewalt.

Bettina

33 Jahre alt, Studentin, weiß, deutsch, zur Zeit in keiner Beziehung lebend. Wohnhaft in einer Stadt mit 50.000 bis 100.000 EinwohnerInnen. Frage 19 wurde bejaht.

Lesbenfeindliche Gewalt habe ich nicht massiv erlebt. Allerdings spüre ich, daß das gesellschaftliche Klima schlechter geworden ist, unter anderem auch an der Universität. Für eine Studentin bin ich mit meinen dreiunddreißig Jahren relativ alt. Für einige jüngere Studentinnen ist es seltsam, daß ich mich als Feministin bezeichne. Andere wiederum finden es seltsam, daß ich lesbisch bin. Beides alleine ist wahrscheinlich noch erträglich, aber zusammen ist es eine unmögliche Kombination. Ich mußte mir deshalb schon einige Kommentare anhören, ohne von anderen Studentinnen Solidarität zu erleben.

Es gab ein Ereignis, das recht offen lesbenfeindlich war: Ich saß in der U-Bahn und las die Zeitschrift *Emma*. Ich las gerade einen Artikel, in dem die Wörter „Lesben" und „Schwule" mehrmals vorkamen. Neben mir saß ein Mann, der diese Wörter sah und mich daraufhin als „Sau" beschimpfte. Ich war völlig perplex, denn ich hatte überhaupt nicht damit gerechnet. Der Mann beschränkte sich nicht auf diese Äußerung, sondern versuchte sich „von mir zu befreien", indem er zum einen sehr deutlich zeigte, wie angewidert er von mir war. Gleichzeitig rückte er immer näher, so daß ich ihm letztlich meinen Ellbogen in die Seite bohrte, um wenigsten einen kleinen Abstand herzustellen. Ich empfand die Situation als sehr bedrohlich, zumal dieser Mann direkt neben mir saß. Deshalb habe ich mich nicht getraut, auf seine Belästigung und Bedrohung sofort zu reagieren. Erst als er ausstieg, merkte ich, wie die Wut in mir hochkroch. Also schrie ich ihm noch etwas hinterher. Für mich kam diese Situation sehr überraschend, denn ich war zu diesem Zeitpunkt gerade in der Phase meines Coming-out und hatte noch keine Erfahrung mit lesbenfeindlicher Gewalt. Mittlerweile rechne ich mit solchen Situationen schon.

Die subtilen Formen der Diskriminierung sind mir nicht so präsent wie dieses Ereignis. Subtile Diskriminierung besitzt so etwas wie „Normalität" in meinem Leben.

Ich bin zwar nicht ganz zufrieden damit, wie ich mich damals gegen den Mann in der U-Bahn gewehrt habe, aber immerhin habe ich mich gewehrt. Bei den subtilen Formen wird das schon schwieriger. Zum einen merke ich dann nur, daß die Situation bei mir ein komisches Gefühl hinterläßt. Zum anderen habe ich Angst, daß, wenn ich die Situation anspreche, sich die anderen nur noch mehr über mich lustig machen. Ich kann die subtile Diskriminierung nicht direkt fassen, was den anderen natürlich Raum läßt, weiterzumachen.

Offene und versteckte Gewalt lösen bei mir Ärger und Zorn, aber auch Hilflosigkeit aus. Es kostet mich eine Menge Energie, mit der Situation umzugehen, und das macht mich wütend.

Früher habe ich mich noch mehr aufgeregt, aber inzwischen habe ich es als einen Bestandteil meines Lebens akzeptiert. Manchmal zeige ich meinen Ärger „aus strategischen Gründen" nicht. Meine Erfahrung ist, daß viele Menschen mit meinem Lesbischsein entweder verkrampft, ablehnend oder voyeuristisch umgehen. Dieses Wissen hindert mich daran, mich so zu geben, wie ich bin. Es macht mich unfrei in meinem Lebensgefühl. Dinge, die früher für mich selbstverständlich waren, sind es heute nicht mehr. Ich habe eine größere Wachsamkeit entwickelt.

Ich finde es sehr wichtig, meine Gewalterfahrungen zu erzählen. Das ermöglicht es mir, sie irgendwann zu verarbeiten. Es ist wichtig, damit nicht alleine zu bleiben. Selbstverteidigungskurse sind auch gut, um seelisch besser gewappnet zu sein. Es geht nicht um mich persönlich, sondern um die Gesellschaft und ihre Vorurteile. Es ist gut, wenn Lesben das begreifen.

Interpretation der beiden Interviews

Im Interview von Anja wird die Diskrepanz zwischen Wahrnehmung und Lebensrealität deutlich. Der lesbenfeindliche Angriff bestand in einer abwertenden Äußerung eines jungen Mannes, der mindestens zehn Jahre jünger als die Betroffene selbst war. Am Anfang des Interviews ist sie sich unsicher, ob verbale Herabsetzungen bzw. Drohungen tatsächlich eine Form von Gewalt darstellen. Am Ende des Interviews bezieht sie Position, indem sie sagt, daß sie weder die geschilderte Situation als Gewalt noch ihre Lebensumstände als von Gewalt beeinflußt sieht. Während des Interviews wird es jedoch offensichtlich, daß alltägliche Gewalterfahrungen wie zum Beispiel „seltsame Blicke" und „dumme Bemerkungen" die Lebensqualität und Lebensrealität der Betroffenen stark beeinflussen. So muß sie immer wieder aufs neue entscheiden, das Risiko einzugehen, sich Übergriffen auszusetzen oder diese zu vermeiden, indem sie beispielsweise auf das Austauschen von Zärtlichkeiten in der Öffentlichkeit verzichtet. Das Wissen um die mögliche Bedrohung und die tagtäglich zu treffende Entscheidung, „setze ich mich dem aus oder nicht", kostet Kraft, und zwar in zweierlei Hinsicht: Die Kraft, etwas entgegenzusetzen, oder die Kraft, es zu ertragen.

Anja war verletzt und hat die Situation als sehr „angreifend" empfunden. Dennoch verharmlost sie am Ende des Interviews ihre Gewalterfahrung. Es ist, also ob sie kurz eine Tür zu ihrer Seele geöffnet hätte und nun wieder verschließen müßte, um in und mit dieser Gesellschaft leben zu können. Dieser Verdrängungsmechanismus hat auch eine gesellschaftliche Komponente: Solange Opfer von Gewalt diese nicht als solche benennen, verbleibt den Tätern ein großer Handlungsspielraum. Der Mechanismus der Verdrängung findet sich unter anderem dort, wo bestimmte Formen von Gewalt gesellschaftlich legitimiert sind und die Opfer einer sozialen Minderheit angehören. Diese haben ebenfalls herrschende gesellschaftliche Werte und Vorurteile verinnerlicht und übernehmen bewußt oder unbewußt deren Sichtweise. Dadurch wird ein beinah perfektes System erschaffen, das den Tätern ermöglicht, Gewalt auszuüben, ohne die Verantwortung dafür übernehmen zu müssen. Auch wenn die Gewalt als solche erkannt wird, versuchen die betroffenen Opfer nicht, den Täter in die Verantwortung zu nehmen, sondern gewähren ihm einen Opferstatus. Indem die Betroffenen beispielsweise überlegen, warum der Täter dies getan hat (Anja: „Vielleicht ist er ja selbst geschlagen worden"), entbinden sie ihn erneut der Verantwortung. Opfer, die ihren Opferstatus verinnerlicht haben, benötigen oftmals keine Täter mehr, um diesen Status aufrecht zu erhalten. Das allgemeine gesellschaftliche Klima von Lesbenfeindlichkeit und einige wenige Täter genügen, um viele Lesben in der Unsichtbarkeit zu halten.

In dem Interview von Bettina wird deutlich, daß Ausgrenzung und eine negative Bewertung, die sich oftmals in subtilen Formen von Gewalt ausdrücken, weitaus schwieriger zu fassen sind, als ein gesellschaftliches Klima der offen aggressiven Gewalt. Dennoch haben beide Formen massiven Einfluß auf die Lebensqualität der betroffenen Lesben: Sie zeigen ihre Empfindungen nicht in der Öffentlichkeit, fühlen sich hilflos, sind wütend und verletzt.

In beiden Interviews wird die zentrale Funktion des nahen sozialen Umfeldes offensichtlich. Beide Frauen haben versucht, in ihrem FreundInnen- und Bekanntenkreis Unterstützung und Hilfe zu bekommen. Ein wichtiger Faktor ist dabei die Möglichkeit, das Erlebte zu erzählen. Viele FreundInnen und Bekannte reagieren mit Anteilnahme, teilen die Wut, aber auch die Ohnmacht. In den meisten Fällen wird die geleistete Unterstützung von den Betroffenen als ausreichend empfunden. Anja mußte jedoch erleben, wie sie statt auf Empathie auf Unverständnis traf. So war sie erneut gezwungen, ihre Wut und Verletzung zurückzustecken. Auch Bettina erfuhr mangelnde Solidarität durch ihre Kommilitoninnen an der Universität. Mitfrauen einer sozialen Minderheit sind in besonderem Maß auf einen intakten sozialen Nahraum angewiesen, der unter anderem die Aufgabe hat, das Selbstwertgefühl zu stärken, die eigene Wahrnehmung zu bestätigen und stabilisierend zu wirken. Freundinnen bieten Schutz, Sicherheit und Geborgenheit. Entfällt dieser wichtige Stützpfeiler, wird den Opfern von (lesbenfeindlicher) Gewalt der Teppich unter den Füßen weggezogen, sie fühlen sich isoliert und alleine gelassen. Das kann zu einer Verstärkung von Opferstrukturen führen.

Claudia

33 Jahre alt, Studentin, weiß, deutsch, zur Zeit in keiner Beziehung lebend. Wohnhaft in einer Stadt mit 50.000 bis 100.000 EinwohnerInnen. Frage 19 wurde bejaht.

Mit meiner Freundin besuchte ich ein Frauenlokal. Eine der anwesenden Frauen war völlig betrunken und stieß mir ihren Ellbogen in den Rücken. Ich hatte sie nicht gesehen und wußte nicht, was eigentlich los war. Die Frau drückte mich an den Tresen, bis ich mich umdrehte, um noch rechtzeitig zu sehen, daß sie mit erhobener Faust auf mich losgehen wollte. Ich hielt ihren Arm fest, sonst hätte sie mir auf den Kopf geschlagen. Meine Freundin drängte schließlich die Frau ab.

Diese Frau schlug wenige Minuten später ihre Partnerin zu Boden, so daß sie aus der Nase blutete. Diejenigen, die direkt um dieses Paar standen, unternahmen nichts. Auch die Wirtin hat die Angreiferin nicht hinausgeworfen. Meine Freundin kannte diejenige, die zu Boden geschlagen worden war, und half ihr wieder auf die Beine. Nach diesen Ereignissen sind wir recht bald gegangen, das andere Paar ebenfalls. Vor der Tür sahen wir, daß sich die Situation mittlerweile umgedreht hatte und diejenige, die vorher niedergeschlagen worden war, jetzt auf die andere mit aller Wut eintrat. Ein Mann versuchte erfolglos, sie dazu zu bewegen, aufzuhören. Meine Freundin ging dazwischen und brachte die beiden auseinander. Daraufhin beschimpfte diejenige, die niedergetreten worden war, meine Freundin wüst. Aus Angst, die Situation könne noch eskalieren, zog ich meine Freundin schließlich weg.

Ich war sehr schockiert von dem Geschehen, weil ich bis dahin nicht davon ausgegangen war, daß Frauen sich prügeln. Ich hatte bis dahin Frauenlokale als einen Raum betrachtet, der mir Schutz und Sicherheit gibt. Gewalt kannte ich nur von Männern, nicht aber von Frauen. Daher hat diese Erfahrung tiefe Spuren bei mir hinterlassen. Ich habe auch das Gefühl, daß Gewalt unter Lesben zunimmt und beinahe als Normalität akzeptiert wird. Es kann jedoch auch sein, daß sie jetzt sichtbarer wird, da sie thematisiert wird. So ähnlich ist es mit dem Alkoholproblem von Lesben. Interessant war im nachhinein, daß wir uns überlegt hatten, die Polizei zu rufen, uns aber dagegen entschieden, weil es zwei Lesben waren. Wären es Männer gewesen, hätten wir die Polizei geholt. Mit Lesben ist das aber etwas anderes, und daher wollten wir nicht auf diese Einrichtung zurückgreifen. Polizisten sind in der Regel Männer, die wenig oder keine Ahnung von Lesben haben. Da beurteilen oder verurteilen Männer Frauen, ohne ihre Lebensrealität zu kennen.

Ich habe kein Zutrauen zur Polizei. Schon in kleinen Alltagsgeschichten merke ich, daß Frauen von der Polizei nicht ernst genommen werden. Wenn ich mir vorstelle, daß sie noch weniger über Lesben wissen als über Frauen, möchte ich diese unangenehme Erfahrung nicht unbedingt machen.

Dieses Interview verdeutlicht, daß auch Lesben Gewalt ausüben. Die Erwartung und Hoffnung, lesbische Räume als Schutzräume zu betrachten, ist weit verbreitet, aber nicht immer gewährleistet.

Derzeit gibt es nur sehr wenige Untersuchungen, die sich mit Gewalt unter Lesben befassen. Das Thema ist stark tabuisiert, da es die Eigen- und Fremdwahrnehmung von Lesben als Gewaltopfer relativiert. Die Lebensrealität von Lesben wird jedoch nicht nur von ihrem Opferstatus geprägt, sondern auch von ihrem Status als Täterinnen. Claudia stellt in dem Interview fest, daß sie den Eindruck hat, daß Gewalt unter Lesben „beinah als Normalität akzeptiert wird“. Unter der Annahme, daß diese Feststellung den Tatsachen entspricht, bieten sich mehrere Versuche einer Erklärung an:

Lesben haben patriarchale Denk- und Herrschaftsstrukturen, in denen Gewalt eine bedeutende Rolle spielt, verinnerlicht. Gewalt wird als eine Möglichkeit betrachtet, eigene Interessen und Machtansprüche durchzusetzen. Einige PsychologInnen sind der Ansicht, daß Lesben und andere Frauen weniger zu körperlich aggressiven Mitteln greifen, jedoch Gewalt in Form von psychischen Übergriffen ausüben. Ihr Ziel ist ähnlich wie bei Männern, Macht und Kontrolle einzufordern. Das bedeutet, daß in einer heteropatriarchalen Gesellschaft physische und psychische Gewalt anerkannte Mittel sind, eigene Interessen zu etablieren. Gewalt bildet einen Bestandteil von Normalität, denn es gibt nicht nur „verbotene“ Gewalt, sondern ebenso „erlaubte“ Gewalt, zum Beispiel durch den Staat. Nicht zu unterschätzen ist auch die Tatsache, daß es für diejenige Person, die Gewalt ausübt, eine positive Erfahrung darstellen kann und damit ihr Selbstwertgefühl gestärkt wird. Tatsächlich ist Gewalt in unserem soziokulturellen Rahmen nicht nur negativ besetzt. Lesben erweisen sich als Kinder dieser Ordnung. Alternative lesbische Lebensentwürfe und Utopien haben sich nicht durchgesetzt und bilden keine Vorbildfunktion, anhand derer neue Verhaltensmuster erlernt werden könnten. Folglich benutzen sie diejenigen Mittel, die ihnen zur Verfügung stehen.

In dem von Claudia geschilderten Fall geht es vordergründig um physische Gewalt unter Lesben, hintergründig jedoch um das Zerbrechen einer Hoffnung. Diese Vorstellung über eine lesbische Gemeinschaft hat ihre Wurzeln in der Annahme der friedfertigen Frau und einer Solidargemeinschaft, die auf einer Basis der gesellschaftlichen Marginalisierung beruht: Lesben bilden eine Gemeinschaft alleinig unter dem Vorzeichen der gleichgeschlechtlichen Lebensweise; gleichzeitig führen sie das System der Ausgrenzung auch in ihre Strukturen fort. Behinderte Lesben, lesbische Migrantinnen, jüdische Lesben und andere „Minderheiten in der Minderheit" wissen um diese Lebensrealität innerhalb dieser Community. Das Konstrukt einer Solidargemeinschaft wird vor allem von außen konstituiert und weniger von innen gestaltet. Diejenigen, die am Rande der Gesellschaft stehen und einen „kleinsten gemeinsamen Nenner" teilen, sind gezwungen, sich als Einheit zu betrachten. Die Realität ist jedoch, daß dieser „kleinste gemeinsame Nenner" nicht immer ausreicht, um die Erwartungen an eine Solidargemeinschaft zu erfüllen.

Ein weiterer Aspekt der Gewalt unter Lesben ist die zuerst seltsam erscheinende These, daß die Adaption von Gewalt als Bestandteil lesbischer Normalität in Verbindung zu einem Widerstand gegen patriarchale Strukturen steht. In einer heteropatriarchalen Gesellschaftsordnung wird Gewalt vor allem von Männern verübt. Frauen sind macht-los und häufig Opfer von Gewalt. Es wurden verschiedene Wege eingeschlagen, einen Teil der Macht zurückzufordern: So stellt das lesbische Spiel mit den Geschlechtern durch Drag Kings oder Femme-Butch-Konstellationen eine lustvolle Herausforderung der heterosexuellen Ordnung dar. Eine weitere Möglichkeit ist, sich Bereiche anzueignen, die Männern vorbehalten sind, so zum Beispiel die Ausübung von Gewalt. In den frühen achtziger Jahren galt es unter Lesben als Zeichen von Stärke, sich zu prügeln. Manchmal war es auch ein Zeichen der Liebe. Jedenfalls konnten einige Lesben dadurch an Ansehen gewinnen. Die Ausübung von Gewalt galt als schick und politisch. Heute gilt sie weder als schick noch politisch korrekt, wurde aber durch diese Hintertür stark tabuisierter Bestandteil lesbischer Normalität.

KAPITEL 6

Gewalt gegen Lesben mit Behinderungen

Martina Puschke

Das Thema Gewalt tangiert alle Lesben mehr oder weniger häufig im Alltagsleben. Das trifft auf Lesben, die mit Beeinträchtigungen leben, genauso zu. Eine reiche Literaturauswahl zum Thema wird frau dennoch vergebens suchen: Während in den vergangenen 20 Jahren einiges zur breitgefächerten Thematik „Frauen mit Behinderungen" veröffentlicht wurde, ist die Auseinandersetzung mit der Lebenssituation behinderter Lesben noch recht jung. Erst Mitte der neunziger Jahre schließen sich Krüppellesben zusammen, gründeten das Krüppellesbennetzwerk und einige örtliche Krüppellesbengruppen. Wir treffen uns auf verschiedensten Veranstaltungen, tauschen uns aus und schreiben unsere Erlebnisse und Forderungen auf. Gewalterfahrungen und Übergriffe unterschiedlicher Art tauchen in den Berichten immer wieder auf.

Bevor ich im folgenden einige Gewaltbereiche beschreibe, mit denen Lesben mit Behinderungen konfrontiert sind, möchte ich noch auf die Begriffe „Krüppellesbe" und Lesben mit sogenannter „geistiger Behinderung" eingehen. Ich weiß, daß sich die eine oder der andere an dem Wort Krüppel stößt – insbesondere im Zusammenhang mit Gewalterfahrungen. Krüppel hört sich brutal und boshaft an. Krüppel klingt minderwertig, steht für Nichtsnutz und nichts können. Es ist eben ein

Schimpfwort. Und genau deswegen haben sich die GründerInnen der Krüppelbewegung Ende der siebziger Jahre diesen Begriff genommen: um zu provozieren und damit genau das auszudrücken, was viele über Menschen mit Behinderungen denken. Auch heute wird der Name von einigen politisch arbeitenden Gruppierungen und Einzelpersonen weiterhin verwendet. Ich mag den Begriff, weil er die Tatsache unserer Diskriminierung und unseres Behindert-Werdens auf den Punkt bringt. Er verschleiert die Realität nicht wie manch andere Umschreibung, z.B. die der „andersfähigen Lesben".

Ebenfalls aus den Reihen der Behindertenbewegung wird seit wenigen Jahren die Zuschreibung bei Menschen mit einer „geistigen Behinderung" kritisiert. Die Diskussion wird insbesondere im Rahmen der aus den USA stammenden „People First"-Bewegung geführt. Hier setzen sich Menschen, die als „geistig behindert" eingestuft werden, für ihre Rechte ein. Sie selber lehnen die Bezeichnung „geistige Behinderung" aus Gründen der Stigmatisierung ab. Ihnen ist wichtig, zuerst als Menschen (deshalb „People First") mit ihren Fähigkeiten gesehen zu werden. Weil diese Behinderungszuschreibung jedoch nicht von heute auf morgen im allgemeinen Sprachgebrauch verändert werden kann, finden „People First"-Mitglieder es immer noch besser, von Menschen mit sogenannter „geistiger Behinderung" zu sprechen. Ich respektiere und unterstütze diesen Wunsch und hoffe, er regt zum Nachdenken an.

Vorweg

Mädchen und Frauen mit Behinderungen wachsen mit Grenzüberschreitungen bezüglich ihres eigenen Körpers auf. Von daher werten einige von ihnen diese nicht mehr als Unrecht oder Gewalttat. Sie gehören zum Leben dazu. Dennoch bleiben diese unterschiedlichen Formen der Grenzübertretungen Akte der Gewalt, und als solche beschreibe ich sie im folgenden.

Inwieweit Gewalterfahrungen darauf zurückzuführen sind, daß Frauen behindert *und* lesbisch sind, ist schwer auseinanderzuhalten. Das liegt u.a. daran, daß viele Krüppellesben nicht als Lesben wahrgenommen werden, weil Frauen mit Behinderungen vielfach als sexuelle Neutren gesehen werden.

Das heißt nicht, daß Krüppellesben nicht auch Gewalt aufgrund ihres Lesbischseins kennen. Ob sich jedoch die Gewalttaten aufgrund der Verknüpfung behindert und lesbisch potenzieren, ist nicht erwiesen. Von daher können einige der Beschreibungen auf behinderte Heterafrauen und nichtbehinderte Lesben genauso zutreffen.

Institutionelle Gewalt in Einrichtungen

Ein grundsätzlich selbstbestimmtes Leben ist in Wohnheimen, Internaten und anderen Sondereinrichtungen nicht möglich. In der Regel kann hier niemand für sich entscheiden, was es zu essen gibt, wann die Nachtruhe beginnt und endet, wie oft eine duschen will, ob und wann sie Besuch bekommt, ihr Zimmer mit anderen teilt, es abschließen kann usw. Je mehr eine behinderte Person abhängig von anderen ist, desto weniger kann die Person Entscheidungen für sich treffen, und desto häufiger passieren Übergriffe.

Wenn hinzu kommt, daß eine Frau Frauen liebt, ist sie besonderen Gefahren ausgesetzt. Möglicherweise darf körperliche Sexualität nicht gelebt werden – hier denke ich besonders an Frauen mit sogenannter geistiger Behinderung. Das trifft dann alle BewohnerInnen gleichermaßen. Die Angst der MitarbeiterInnen und Eltern vor einer Schwangerschaft führt oft zu einer besonderen Kontrolle des Intimlebens von Mädchen und Frauen. Nicht selten geht diese „Kontrolle" so weit, daß Mädchen und Frauen – ohne deren Zustimmung – sterilisiert werden.

Gegebenenfalls ist das Lesbischsein von Frauen, die in Einrichtungen leben, von Vorteil, weil es in der Regel keine Einwände gibt, wenn sich zwei Frauen ein Zimmer teilen. Richtig schwierig wird es jedoch mit homophoben MitarbeiterInnen, denen Lesben ausgesetzt sind. Hier können die Reaktionen von Verachtung über Verleumdung bis hin zu Verweigerungen von Hilfe reichen.

Häufig wird die „Frauenfreundschaft" auch belächelt und nicht ernst genommen nach dem Motto: „Hier gibt es ja auch fast nur Frauen." Ich will nicht ausschließen, daß aufgrund dieser Tatsache nicht auch die eine oder andere Liebschaft begonnen wird. Grundsätzlich wird Frauenpaaren in diesem Fall jedoch unterstellt, lediglich aufgrund des Männermangels eine

Beziehung zu einer Frau einzugehen. Daß frau sich tatsächlich in eine Frau verliebt und diese Lebensform für sich gewählt hat, wird somit ausgeschlossen.

Ignoranz des Lesbisch Seins

Daß das Lesbisch-Sein nicht ernst genommen wird, ist ein bekanntes Phänomen: Immer dann, wenn altbekannte Gründe wie: „Das ist nur eine Phase“ oder „Sie hat nur keinen Mann gefunden; das gibt sich wieder“ vorgebracht werden. Insbesondere während der Pubertät werden diese Argumente gerne herangezogen. Die Partnerin der behinderten Frau wird nicht selten für die Schwester oder Assistentin angesehen. Und auch die Erklärung, daß sie die Lebensgefährtin oder Liebste sei, wird schlicht ignoriert. Mit dieser Ignoranz sind Lesben mit Behinderungen wesentlich häufiger konfrontiert als ihre nichtbehinderten Schwestern. Hartnäckige Ignoranz der lesbischen Lebensweise ist auf jeden Fall eine Form von Gewalt, weil somit auch die Lesbe als Person mit ihren Gefühlen, ihren sozialen Bezügen und der (Sub-)Kultur ausgeblendet und abgelehnt wird. Hinzu kommt bei Frauen mit Behinderungen, daß ihnen sowieso vieles nicht zugetraut und insbesondere der Bereich Sexualität und Partnerschaft abgesprochen und Partnerinnenschaft schon gar nicht in Betracht gezogen wird.

Assistenzsituationen

„Was denn, dieser Homoschuppen? Da geh ich nicht rein!“ Wenn diese Meinung ausgerechnet von meiner Assistenz- oder Beförderungsperson geäußert wird, habe ich wohl schlechte Karten, in ein lesbisch-schwules Lokal zu kommen. Da es sehr schwer bis inzwischen unmöglich ist, sich zum Beispiel mit dem Arbeitgeberinnenmodell die Assistenzkräfte selber auszusuchen, passieren solche Übergriffe. Wenn ich keinen Einfluß auf die Wahl der Assistenzpersonen habe, können darunter natürlich auch homophobe Menschen sein. Die Vorstellung, bei einer 24-Stunden-Assistenz sogar die Nacht unter dem gleichen Dach verbringen zu müssen, ist wenig erbaulich.

Daß derartige Überlegungen für Kostenträger wie das Sozialamt irrelevant sind, zeigt ein Beispiel von 1986: Einer behinderten Frau ist u.a. der Antrag auf Pflege von Frauen anstatt von Zivildienstleistenden abgelehnt worden mit der Begründung: „Die Tragung dieser Gefahr [einer Vergewaltigung] gehört schließlich zum allgemeinen Lebensrisiko eines jeden" (Hessisches Ministerium für Frauen, Arbeit und Sozialordnung 1997, S. 107). Nach zwei Jahren weiterer Klage ist es dieser Frau inzwischen gelungen, weibliche Assistenzkräfte finanziert zu bekommen. Ein Kraftakt, der viel Stärke, Durchhaltevermögen und ein aufmunterndes Umfeld benötigt – für die Wahrung der eigenen Intimsphäre und der Sicherheit vor männlichen Übergriffen im eigenen Raum.

Nicht-behinderte Lesben unter sich

Nicht ernst genommen zu werden, diskriminiert und ausgeschlossen zu sein, nicht der Norm zu entsprechen in der patriarchal strukturierten Gesellschaft – welche Lesbe kennt das nicht? Daraus könnte frau schließen, daß gerade Lesben andere Normen aufstellen als die, die zu großen Teilen denen der kritisierten „Herr"schaft ähneln. Weit gefehlt!

Auch hier gibt es strukturelle Fremdbestimmung: Nicht jede Lesbe kann entscheiden, ob sie an einer Veranstaltung teilnimmt. Scheinbar sind nicht alle erwünscht, wenn es keine Rampe, keinen Aufzug, kein Rolli-Klo, keine Gebärdensprachdolmetscherin, zu enge Türen, Übernachtungsmöglichkeiten ausschließlich auf dem Boden usw. gibt.

Auch an lesbischen Orten passieren Übergriffe: Immer dann, wenn bei einer rollstuhlfahrenden Lesbe der Rolli als irgendein Ding – losgelöst von der Frau, die darin sitzt – gesehen und entsprechen ge- bzw. benutzt wird: Als Anlehnmöglichkeit oder Abstellplatz für das Glas; als Ding, das mal eben zur Seite geschoben werden kann, wenn es „im Weg" steht; als Stütze zum Festhalten u.v.m. Äußerst unangenehm und zudem gefährlich ist auch das Ausweichen vor diversen glimmenden Zigaretten in Augenhöhe.

Auch hier stoßen gewalterfahrene FrauenLesben auf verschlossene Türen: Frauenhäuser, Psychotherapeutinnen und Notrufeinrichtungen sind nicht durchgängig offen für FrauenLesben mit Behinderungen. Auch wenn das Überwinden von

Treppenstufen kein Problem ist, wie bei vielen mit sogenannter geistiger Behinderung, suchen diese meist vergeblich eine Psychotherapeutin, die mit ihnen arbeiten würde. Auch Frauenhäuser fühlen sich hier überfordert. Erst kürzlich war ich mit der Situation konfrontiert, daß eine Mitarbeiterin eines Frauenhauses bei einer Behinderteneinrichtung mit gemischten Gruppen nachfragte, ob dort eine Überlebende sexueller Gewalt vorübergehend unterkommen könne! Deutlicher kann wohl nicht zum Ausdruck gebracht werden, daß hier *nicht* die Gewalterfahrung im Vordergrund stand. Statt dessen sollte sie Schutz in einer Gruppe behinderter Menschen finden, die darauf absolut nicht ausgerichtet ist.

Gilt die Frauensolidarität nur für die normgerechte, durchtrainierte, gesunde, schlanke, weiße, nicht-behinderte, christlich sozialisierte, katzenliebende, deutsche Lesbe? Bei vielen Krüppellesben kann der Eindruck entstehen, daß ein Großteil der nicht-behinderten Lesben unter sich sein wollen (vgl. auch *Ihrsinn* 4/91).

Sexuelle Gewalt

Für Deutschland liegen keine Zahlen vor, wie viele Frauen mit Behinderung sexuelle Gewalt erlebt haben. In Anlehnung an amerikanische und britische Untersuchungen ist jedoch davon auszugehen, daß Frauen und Mädchen mit Behinderung in besonders hohem Maße von sexueller Gewalt betroffen sind (vgl. Degener 1996, S. 22). Eine in Österreich erstellte Studie belegt zudem, daß mehr als 60% aller Frauen, die in Einrichtungen leben, Überlebende sexueller Gewalt sind (vgl. Bundesministerin für Frauenangelegenheiten (Hg.), S. 74). Diese Form der Gewalt trifft Lesben und Heterafrauen. Ob und inwieweit das Lesbischsein ein (zusätzliches) Motiv für den Täter sein kann, ist nicht belegt.

Daß Frauen mit Behinderung oft als Neutren erzogen werden, denen weder ein aktives Sexualleben noch eine PartnerInnenschaft zugetraut wird, schützt sie nicht vor sexueller Gewalt. Häufig wird ihnen die Gewalttat aber aus genau diesem Grund nicht geglaubt. Klischees wie: „Für sie interessiert sich sowieso keiner" (Degener 1996, S. 23) werden gerne verbreitet.

Die vielfach fehlende Intimsphäre und das Erleben körperlicher und seelischer Eingriffe und Verletzungen durch ÄrztInnen, TherapeutInnen, Pflegekräfte u.a. führt zu dem Gefühl, „an mir darf jede und jeder herumfummeln“ (Zemp 1993, S. 10). Die Geschlechtsorgane sind dabei nicht ausgenommen. Gleichzeitig ist die medizinische Sicht auf die Frau nur defizitorientiert und signalisiert, daß ich nicht okay bin, so wie ich bin. Demzufolge ist es auch nicht verwunderlich, wenn Mädchen und Frauen mit Behinderung kein positives Körpergefühl entwickeln. Dieses Gefühl – „Mein Körper gehört mir!“ – steht allen zu. Für viele Behinderte sind dann weitere Gewalttaten auch nur noch ein Eingriff – eben einer mehr.

Was tun?

Die Ausführungen zeigen: Die Palette der Gewalttaten an Frauen, die *behindert und lesbisch* sind, ist vielfältig und mit Sicherheit nicht vollständig wiedergegeben. Das heißt jedoch nicht, daß frau untätig mit dieser Gewalt leben muß. Es gibt Dinge, die jede Frau selber verändern kann. Insbesondere strukturelle Gegebenheiten, rechtliche Voraussetzungen und gesellschaftlich bedingte Normvorstellungen müssen jedoch von vielen verändert und dazu erst einmal gesehen werden.

Was können Frauen selber tun?

Jede Frau kann sich eine Vertrauensperson suchen, die ihr Lesbischsein akzeptiert und der sie ihre Gewalterfahrung erzählen kann. Gemeinsam können dann leichter Lösungsmöglichkeiten gefunden werden als alleine.

Im Fall von Problemen mit AssistentInnen sollte die betroffene Frau in jedem Fall bei der entsprechenden Organisation einen Wechsel der Assistenz- bzw. Beförderungsperson anordnen.

Frau kann sich mit Gleichgesinnten zusammenschließen, um sich auszutauschen oder politisch aktiv zu werden. Auch in der eigenen Einrichtung kann es Frauen mit ähnlichen Erfahrungen geben. Reine Krüppellesbengruppen gibt es selten, aber vielerorts Stammtische behinderter Frauen oder andere Frauengruppen.

In einigen Städten gibt es Beratungsstellen von behinderten Frauen für behinderte Frauen. Inwieweit dort Verständnis für das Lesbischsein vorhanden ist, ist unklar. Beratungsstellen für behinderte Lesben gibt es nicht.

Es gibt inzwischen einige WenDo-Trainerinnen, die spezielle Kurse, zum Beispiel für blinde und sehbehinderte Frauen, gehörlose Frauen, Frauen mit Körperbehinderungen oder mit sogenannter geistiger Behinderung anbieten. Solche Kurse sind empfehlenswert.

Was brauchen wir?
Mädchen und Frauen mit Behinderungen müssen zuerst als Mädchen und Frauen gesehen werden. Ihnen steht eine Intimsphäre zu. Ihr Körper ist nicht losgelöst von ihrer Person zu therapieren! Mädchen und Frauen müssen Bescheid wissen über ihren Körper; sie sollten über alle medizinischen und therapeutischen Handlungen selber entscheiden können.

- Mädchen und Frauen mit Behinderung dürfen nicht länger als sexuelle Neutren behandelt werden!
- Auch in Einrichtungen, in denen FrauenLesben wohnen oder arbeiten, müssen Dinge, die sie selbst betreffen, selber entschieden werden dürfen. Eine Intimsphäre muß gewährleistet sein.
- Es muß einrichtungsunabhängige Beratungs- und Notdienststellen geben, die FrauenLesben offen stehen.
- (Sexuelle) Gewalt darf in Einrichtungen nicht länger ein Tabu sein. Es muß Weiterbildungen für MitarbeiterInnen und BewohnerInnen geben, damit nicht länger weggesehen und den Betroffenen auch geglaubt wird.
- Genauso muß es eine Offenheit für lesbisches Leben geben. Homophobie muß ein öffentliches Thema werden.
- Jede FrauLesbe muß sich ihre Assistenzpersonen selber wählen können.
- Es muß einfacher bzw. finanzierbar werden, Gebäude zugänglich zu gestalten. Neue Gebäude dürfen nur ohne Barrieren gebaut werden!

- Es geht nicht, daß FrauenLesben mit Behinderungen immer vorgeworfen wird, ihre speziellen Wünsche seien zu teuer. Wenn gemeinsam überlegt wird, welche Bedingungen nötig sind, damit *alle* teilnehmen können, gibt es meist einen Weg. Nur die Bereitschaft muß erst einmal da sein.
- Frauenhäuser und Psychotherapeutinnen müssen Frauen mit unterschiedlichen Behinderungen die Türen öffnen.

Adressen und Informationen:

Martina Puschke
Zentrum für selbstbestimmtes Leben (ZsL Kassel)
Kölnische Str. 99, 34119 Kassel
Tel.: 0561/72 885-54, Fax: 0561/72 885-58

Weibernetz e.V.
Bundesnetzwerk von FrauenLesben
und Mädchen mit Beeinträchtigung
Kölnische Str. 99, 34119 Kassel
Tel.: 0561/72 885-47 (nur mittwochs 17-19 Uhr),
Fax: 0561/72 885-29

Krüppellesbennetzwerk
c/o Frauenbuchladen Amazonas
Schmidtstr. 12, 44793 Bochum
Tel. und Fax: 0234/68 31 94
(Veranstaltungen, Adressenliste für Krüppellesben)

Hessisches Netzwerk behinderter Frauen
c/o LAG Hessen „Hilfe für Behinderte e.V."
Raiffeisenstr. 15, 35043 Marburg
Tel.: 06421/420 44, Fax: 06421/517 15
(Infos AG „Sexuelle Gewalt")

Hessisches Koordinationsbüro für behinderte Frauen
Kölnische Str. 99, 34119 Kassel
Tel.: 0561/72 885-22, Fax: 0561/72 885-29
(Adressen von WenDo-Trainerinnen, Veranstaltungen für behinderte Frauen)

KAPITEL 7

Gewalt in lesbischen Beziehungen

Interessanterweise konnte mit dem Fragebogen die Problematik der Gewalt in lesbischen Beziehungen nicht erfaßt werden. Den Teilnehmerinnen wurde durch die offene Beschreibung „Täter/Täterin“ und über den Bekanntheitsgrad – zum Beispiel: (ehemalige) Lebensgefährtin – die Möglichkeit eröffnet, dieses Thema aufzugreifen, was jedoch nur in geringem Maß angenommen wurde. Das führt zu der Annahme, daß das Thema „Gewalt in lesbischen Beziehungen“ nach wie vor stark tabuisiert ist und offensichtlich nicht als allgemeiner Bestandteil in einen Fragebogen integriert werden kann. Ausdruck dieses Tabus ist die geringe Anzahl von Veröffentlichungen zu dem Thema in Deutschland.[70] Auch in lesbischen Zusammenhängen wird das Thema nach wie vor verschwiegen. Die Folge ist, daß sich der allgemeine Informationsstand seit fast zehn Jahren kaum verändert hat.

Betroffene Lesben sind relativ stark isoliert, da sie meist auf Unkenntnis und Unverständnis treffen. Viele befinden sich nach der Trennung in einer tiefen emotionalen Krise, sie machen sich selbst Vorwürfe, ihr Selbstwertgefühl ist stark angegriffen, und die Beziehung noch lange nicht verarbeitet. Gerade in dieser Phase benötigt die betroffene Lesbe Unterstützung und Hilfe. In der Realität trifft sie weder auf das eine noch das andere. Anhand des Interviews von Daniela soll noch einmal die Wichtigkeit und Notwendigkeit der Auseinandersetzung mit diesem Thema verdeutlicht werden.

Daniela

28 Jahre alt, Studentin, weiß, deutsch, zur Zeit in keiner Beziehung lebend. Sie lebt in einer Stadt mit 50.000 bis 100.000 EinwohnerInnen. Der Fragebogen kam nicht mehr in die Auswertung.

Meine damalige Partnerin habe ich im Oktober 1994 kennengelernt. Unsere Beziehung dauerte vier Jahre und endete mit meinem Auszug im März 1998. Ich merkte schon recht früh, daß etwas in unserer Beziehung nicht stimmte. Ich hatte ein seltsames Gefühl dazu, wie sie sich sich selbst und mir gegenüber verhielt. Eine Freundin, die Kathrin gerade erst kennengelernt hatte, sagte zu mir, daß sie mich im gleichen Moment mit viel Liebe und mit unglaublich viel Haß anschauen würde. Das war jedoch nicht immer so. Ich hatte zwischendrin auch das Gefühl, daß Kathrin eine runde Persönlichkeit hat und gut mit sich klarkommt, und dann gab es Phasen, in denen sie darüber sprach, des Lebens müde zu sein.

Am Anfang machten sich die gewalttätigen Strukturen vor allem an nicht-körperlichen Reaktionen fest. Sie „bestrafte" mich für mein Verhalten, indem sie sich einfach aus der Situation zurückzog und mir keine Möglichkeit gab, verschiedene Dinge zu erklären. Das war für mich das Schlimmste. Zum Beispiel waren wir einmal auf einer Party, und eine Frau sprach mich an. Kathrin sah es, ließ mich sofort stehen und ging bzw. fuhr mit dem Fahrrad weg. Von einem Moment auf den anderen, ohne weitere Erklärungen. Natürlich hinterließ das bei mir das Gefühl, etwas falsch gemacht, sie verletzt zu haben. Ich tat dann das, was ich immer tat: Ich fuhr ihr hinterher und fragte, was los sei. Kathrin antwortete nicht, drehte sich um und gab mir dadurch das Gefühl, etwas verbrochen zu haben. Sie ging in ihre Wohnung und ließ mich vor der Haustür stehen. Ich stand völlig verzweifelt davor und wollte rein. Ich wollte mich erklären. Schließlich liebte ich sie. Sie konnte dieses Spiel stundenlang spielen.

Während unserer Beziehung gab sie mir ständig das Gefühl, einen Fehler gemacht zu haben. Gleichzeitig ließ sie mir keine Möglichkeit, diesen vermeintlichen Fehler aufzuklären und aus der Welt zu schaffen. Kathrin war sehr eifersüchtig. Ich war ihr Besitz. Ich hatte recht schnell das Gefühl, daß es ihr nicht darum ging, mein Verhalten könne sie tatsächlich verletzt haben, sondern darum, mich zu unterdrücken, mich klein zu bekommen. Sie verwehrte mir jeglichen Respekt.

Im Laufe der Zeit übernahm Kathrin immer mehr Kontrolle über das, was wir in der Beziehung machten. Gleichzeitig warf sie mir meine Handlungsunfähigkeit vor. Oftmals waren es nur Kleinigkeiten, zum Beispiel, wer kocht oder wer wen wohin mit dem Auto fährt. Sie schaffte es, mir ständig das Gefühl zu geben, es nicht so gut machen zu können wie sie. Kathrin mischte sich ständig ein und wußte alles besser. Sie sagte oft, daß sie die Dinge lieber selber mache. Ich nahm die Rolle der Bewundernden ein und spielte sie auch hervorragend. Ich war ihr Publikum und fühlte mich vier Jahre lang inkompetent und ohnmächtig. Ich konnte nichts. Je mehr sie mir dieses Gefühl gab, desto weniger probierte ich aus. Sie nahm mir den Mut, etwas zu tun.

Kathrin übernahm immer mehr die Kontrolle über mein Leben. Sie setzte sich nicht durch ein offen ausgesprochenes Verbot, sondern durch Liebesentzug und Schweigen durch. Ich brach letztlich die Kontakte zu meinen Freundinnen und Kommilitoninnen ab, da ich den Druck nicht aushielt. Ich glaube, Kathrin empfand es als bedrohlich, wenn ich mit anderen über mich sprach.

Als ich psychisch am Ende war, fing mich eine gute Freundin immer wieder auf. Unser Verhältnis wurde sehr viel enger; ich begann eine Affäre mit ihr. Gleichzeitig wollte ich das alles nicht mehr, nur mit Kathrin zusammenziehen. Nach zirka zweieinhalb Jahren zogen Kathrin und ich dann in eine gemeinsame Wohnung. Ich dachte damals, daß ich ohne sie nicht leben könne. Viele meiner FreundInnen und Bekannten hinterfragten unsere Beziehung, aber etwas anderes wäre für mich nicht in Frage gekommen.

Die gemeinsame Wohnung bekamen wir nur durch die Lüge, ich sei ihre Kusine. Während Kathrin ihr Diplom machte, renovierte ich die Wohnung gemeinsam mit ihrem Vater. Mit dem Zusammenzug endeten auch meine letzten Freiräume. Ich saß in der Wohnung und war ihren Stimmungsschwankungen ausgesetzt. Unsere Streitigkeiten häuften sich. Schon einige Tage vor der eigentlichen Auseinandersetzung merkte ich, daß es wieder dazu kommen würde, und auch danach brauchten wir einige Tage, um uns davon zu erholen. Im Prinzip ging es nur rauf und runter. Es gab nichts, was mir Ruhe gegeben hätte, etwas anderes zu machen, als die Beziehung zu leben, daran zu arbeiten oder zu denken.

In den Tagen vor dem eigentlichen Ausbruch gab es „Kleinigkeiten", über die wir uns stritten, aber zu keinem Abschluß kamen. Ich hatte das Gefühl, dies sei die erste Stufe, dann folgt die nächste und noch eine weitere, bis es schließlich knallt. Ich konnte nichts dagegen tun. Ein Beispiel: Teil meiner Coming-out-Geschichte war, dann und wann in die Szene zu gehen. Kathrin sprach sehr abfällig über andere Lesben und äußerte sich in einer Art und Weise, die ich nur bei Männern vermutet hätte. Mein Wunsch, in die Szene zu gehen, wurde schon Tage vorher thematisiert. An dem Tag, an dem ich ausgehen wollte, reagierte sie in altbewährter Weise: Sie entzog mir ihre Zuneigung und Aufmerksamkeit. Sie ignorierte mich, sprach nicht mit mir und behandelte mich wie ein Stück Dreck. Die Anwesenheit von anderen Frauen hinderte sie nicht im geringsten daran, sich so zu verhalten. Mir war das immer peinlich, und ich versuchte, ihr Verhalten gegenüber anderen Frauen zu entschuldigen.

Wir waren beispielsweise zusammen auf einer Party. Als ich etwas tat, was ihr nicht gefiel, schlug sie mich auch schon einmal oder kniff mich. Immer so, daß andere es nicht sehen konnten, aber auf jeden Fall so, daß ich es spürte und es am nächsten Morgen zu sehen war.

Je häufiger ich sie fragte, warum sie mit mir so umging, desto mehr nahm die körperliche Aggression zu. So konnte aus einer kleinen Kabbelei schnell ein Streit mit Treten und Schlagen werden.

Meine Narbe an der Augenbraue stammt aus so einer Auseinandersetzung. Sie nahm einen Telefonhörer und schlug ihn mir ins Gesicht. Meistens waren es aber nur Blutergüsse und Kratzwunden, die verheilt sind. Sie schlug mir in den Magen, auf die Oberarme und ins Gesicht. Ins Gesicht schlug sie nur mit der flachen Hand, das heißt, ich habe es sehr wohl gespürt, aber für andere war es nicht zu sehen. Ich glaube nicht, daß sie gezielt bestimmte Körperteile aussuchte, aber vielleicht möchte ich mir das auch nur einreden. Dennoch glaube ich nicht, daß sie sich in diesem Moment genau überlegt hat, ob sie nun mit der flachen Hand oder mit der Faust zuschlagen soll. Ich hatte eher das Gefühl, daß sie in solchen Momenten völlig unkontrollierbar war.

Ein weiteres beliebtes Mittel von ihr war, mir den Schlaf zu entziehen. Wenn wir Streit hatten, knallte sie die Türen zu oder hörte sehr laute Musik. Es konnte mitten in der Nacht, also auch ein, zwei Uhr sein. Ich lag im Bett und hatte Angst. Gleichzeitig war es mir aber unseren Nachbarn gegenüber peinlich, also ging ich in ihr Zimmer. Nicht ohne vorher angeklopft zu haben, denn ich wußte, daß ich sie keinesfalls noch mehr reizen durfte. Ich bat sie, ihre Musik leise zu machen. Die Bitte war natürlich nicht besonders viel wert. Ich habe geweint, sie auf Knien angefleht. Doch sie machte die Musik nur noch lauter. Schließlich stellte ich die Anlage aus. Daraus entwickelte sich eine Prügelei. Der Grund, warum ich mich durchsetzen wollte, war, was unsere Nachbarn denken könnten. Es ging mir weniger um mich. Gewehrt habe ich mich nicht, denn ich liebte sie ja. Ich wollte sie nicht schlagen, weil ich sie liebte. Ich wollte nur Ruhe, nichts weiter.

Hilfe von anderen hätte ich zu der Zeit nicht annehmen können, denn in einem Frauenhaus oder Frauennotruf hätte ich die Geschichte verbalisieren müssen, und das war mir nicht möglich. Ich hätte meine Beziehung, die ich immer sehr in den Himmel gehoben hatte, angreifbar gemacht. Ich hätte diese Idealvorstellung, diesen Traum nach außen nicht mehr aufrechterhalten können. Ich hatte auch nur ein-, zweimal Angst um mein Leben. Meist hatte ich das Gefühl, es sei schlimmer, wenn Kathrin etwas geschieht, als wenn mir etwas passieren würde. Ich hatte mich in dieser Beziehung völlig verloren, was in zweierlei Hinsicht problematisch war. Zum einen drehte sich in der Beziehung alles um Kathrin; ich fand mich darin nicht wieder. Zum anderen war sie meine erste Frauenbeziehung, und ich war in einem Alter, in dem ich mich selbst sowieso noch nicht gefunden hatte.

Seit etwas mehr als einem Jahr sind Kathrin und ich getrennt. Ich versuche, die Beziehung mit Hilfe einer Therapeutin und einigen Freundinnen zu verarbeiten. Für mich ist es wichtig, zu lernen, mit mir selbst zufrieden zu sein und mich so wie ich bin anzunehmen. Ich lerne gerade, daß so eine Beziehung für mich nicht mehr in Frage kommt. Das fällt mir nicht leicht, denn es gibt noch einen großen Teil in mir, der sich diese Beziehung wünscht. Ich muß gesunden und hoffe, eines Tages anzukommen.

Interpretation des Interviews

In dem Interview von Daniela wird das klassische Muster einer Mißhandlungsbeziehung verdeutlicht. Der Zyklus, der abläuft, läßt sich gut nachvollziehen: In der ersten Phase baut sich Spannung auf; es kommt zu „kleineren" Grenzüberschreitungen, die zu Phase zwei, der tatsächlichen Auseinandersetzung, führen. In Phase drei kommt es zur Versöhnung, und beide Partnerinnen nutzen die Gelegenheit, sich zu erholen. Dann beginnt der Zyklus von neuem.

Ebenso deutlich wird, daß Daniela nicht nur ihr Selbstwertgefühl verloren hatte, sondern damit auch ihre Selbstdefinition, ihre Identität. Dadurch, daß sich in dieser Beziehung alles um die Partnerin drehen mußte, wurden Danielas Bedürfnisse, Wünsche und Vorstellungen in den Hintergrund gedrängt. Je geringer das Selbstwertgefühl, desto größer die Abhängigkeit von der Partnerin. Das Selbstwertgefühl konstituiert sich in diesem Muster nur über die Anerkennung oder Ablehnung durch die Partnerin. Gerade diese Abhängigkeitsstrukturen sind es, die es dem Opfer so schwer machen, sich aus der Beziehung zu lösen. Bei Daniela äußert sich dies unter anderem in der Feststellung, daß ein großer Teil von ihr die Beziehung weiterführen möchte, auch gegen jegliche Vernunftgründe.

Ebenso offensichtlich wie das Mißhandlungsmuster ist, daß sowohl psychische als auch physische Gewalt dazu dienen, Macht und Kontrolle über die Partnerin zu erhalten und zu festigen. Die Täterin, Kathrin, setzt diese Mittel bewußt dann ein, wenn sie das Gefühl hat, Kontrolle und Macht über Daniela zu verlieren. Daniela wiederum versucht, mögliche Konfliktpunkte zu vermeiden, indem sie beispielsweise einen großen Teil ihrer Freundschaften aufgibt. Diese Vermeidungsstrategie führt in die Isolation, da Daniela ihr soziales Netz, das Hilfe und Unterstützung bieten könnte, mit wenigen Ausnahmen aufgibt. Die gemeinsame Wohnung erleichtert der Täterin in diesem Fall den Zugang zu ihrem Opfer und schafft ein Klima ständiger Bedrohung. Letztlich sind nur noch kurze Blicke notwendig, um Daniela unter Druck zu setzen und unter Kontrolle zu bringen.

Eine Form von psychischer Gewalt stellt der Entzug von Schlaf dar. Da Daniela den Zyklus bereits mehrmals durchlaufen hat, kann sie genau nachvollziehen, in welcher Phase sie sich befindet. Ihr Denken und Fühlen sind auf Kathrin fokussiert. Bahnt sich eine Auseinandersetzung an, weiß Daniela, was sie erwartet. In dem aufgeführten Beispiel dient nicht alleine die laute Musik dazu, Daniela den Schlaf zu entziehen, sondern ihre Angst vor dem, was sie erwartet bzw. erwarten könnte. Sie liegt im Bett, lauscht auf jedes Geräusch, jeden Schritt von Kathrin und hofft, sie möge endlich ins Bett gehen. Damit wäre die Gefahr erst einmal gebannt. Daniela hält jedoch die Spannung nicht aus. Sie entschließt sich, den zyklischen Prozeß zu beschleunigen, denn sie weiß, daß nach der aktuellen Auseinandersetzung eine friedliche Phase einsetzt. Unter dem Vorwand, was die Nachbarn denken könnten, geht sie in Kathrins Zimmer und stellt die Musik ab. Wie zu erwarten, eskaliert die Situation, es kommt zu einem physischen Gewaltausbruch; danach sind beide erschöpft, die Erholungsphase kann eintreten. Dieser Mechanismus ist typisch für Lesben und andere Frauen, die in Mißhandlungsbeziehungen leben. Sie „provozieren" den aktuellen Gewaltausbruch, um möglichst schnell wieder in eine Versöhnungsphase zu kommen. Diese Phase ist die einzige, in der sie ein wenig aufatmen können, bis der Zyklus wieder von vorne beginnt.

Daniela arbeitet heute mit Hilfe einer Therapeutin und der Unterstützung einer Freundin diese Beziehung auf. Auch hier ist der Freundinnenkreis der primäre Bereich, in dem Hilfe und Unterstützung eingefordert wird. Autonome Einrichtungen wie zum Beispiel Frauenhäuser und Frauennotrufe bilden derzeit noch keine Anlaufstelle. Daniela hätte zum einen die Art ihrer Beziehung artikulieren und damit sich selbst eingestehen müssen, daß das von ihr geschaffene Bild nicht aufrecht zu erhalten ist. Zum anderen bieten diese Einrichtungen nach wie vor nur in sehr seltenen Fällen eine qualifizierte Beratung und Unterstützung an, wenn es um eine lesbische Mißhandlungsbeziehung geht. Es wird nur in sehr geringem Maß Öffentlichkeitsarbeit geleistet, die Lesben mit das in Konzept einbeziehen. Der Begriff „Frauen- und Lesbennotruf" alleine genügt nicht, um Lesben zu vermitteln, es könne sich um eine für sie geeignete Anlaufstelle handeln. Inzwischen gibt es einige wenige lesbische Beratungsstellen, die in ihrer Beratungsfunktion Erfahrungen mit Gewalt in lesbischen Beziehungen gesammelt haben. Ein offensiver Umgang mit der Problematik ist jedoch nicht gegeben. Selbsthilfegruppen für Opfer oder sogar Täterinnen gibt es meines Wissens nicht.

Es stellt sich die Frage, wie eine Verantwortlichkeit gegenüber den Opfern aussehen könnte. Die Forderung an bestehende feministische Einrichtungen, ihre Angebote auch gegenüber Lesben zu öffnen und eine offene Politik zu betreiben, kann nur eine Interimslösung darstellen. Die Möglichkeit, auf vorhandene Anti-Gewalt Strukturen zurückzugreifen, entbindet die lesbische Gemeinschaft nicht ihrer Verantwortung, sich klar zu positionieren und selbst Angebote für Opfer und Täterinnen zu schaffen: Derzeit werden verschiedene langfristige Modelle diskutiert, so zum Beispiel Schutzwohnungen für lesbische Opfer oder sogar die Einrichtung eines Lesbenhauses, in dem Lesben nicht befürchten müssen, wegen ihres Lebensentwurfs erneut zu Opfern zu werden. Auch müßten Lesben sich mit den Möglichkeiten einer Finanzierung auseinandersetzen: Sollen die Gelder über staatliche Fördermittel eingefordert werden, oder sollte die lesbische Gemeinschaft auch finanziell in die Verantwortung genommen werden? Und letztlich steht der Umgang mit den Täterinnen zur Debatte: Wie soll mit ihnen umgegangen werden? Welche Funktion hat die Möglichkeit, rechtliche Mittel einzusetzen? Was verbirgt sich hinter der Motivation, Gewalt auszuüben? Welche alternativen Handlungsmöglichkeiten können aufgezeigt werden? Welche Verbindungen bestehen zwischen gesellschaftlichen Wertvorstellungen und individuellen Handlungsstrategien? Inwiefern gehört Gewalt zur lesbischen Normalität?

All diese Fragen bedürfen einer Antwort und damit einer Auseinandersetzung mit dem Problem der Gewalt im familiären Nahraum. Hier ist noch viel Arbeit zu leisten.

KAPITEL 8

Perspektiven einer lesbischen Anti-Gewalt-Arbeit

Aufgrund der vorliegenden Ergebnisse muß festgestellt werden, daß sehr viele lesbisch lebende Frauen lesbenfeindlicher Gewalt begegnen: Gewalt gehört zum normalen lesbischen Alltag. Dies hat eine historische Genese, die sich in der auch heute noch vorhandenen Marginalisierung und Pathologisierung von Lesben manifestiert. Diese historische Entwicklung der Ausgrenzung läßt sich anhand der Sexualität und ihres Transformationsprozesses innerhalb der Gesellschaft nachvollziehen.

Die gesellschaftliche Wahrnehmung der gleichgeschlechtlichen Sexualität hat sich im Laufe der Geschichte verändert. Es zeichnen sich mehrere Transformationsprozesse ab, wobei der erste mit dem Aufkommen des Christentums einhergeht. Anhand Platons *Symposion* wird deutlich, daß eine gleichgeschlechtliche Sexualität in der Antike zumeist positiv betrachtet und erst durch den jüdisch-christlichen Glauben als „unnatürliche Verirrung“ (Römer 1, 24-27) oder als „Unreinheit“ bzw. als „Entehrung“ (Römer 1, 24) bewertet worden war. Während männliche Homosexualität bereits in der Bibel benannt und bewertet wurde, finden sich literarische Bespiele zur Benennung und Bewertung weiblicher Homosexualität in Europa erst seit dem 17. Jahrhundert.[71] In den vorhandenen Beispielen aus dem 18. Jahrhundert wird weibliche Homosexualität negativ bewertet; so spricht Jonathan Swift in *Gullivers Reisen* (1726) von einer „uncommon and preternatural lust“[72], Henry Fielding in *The Female Husband* (1746) von „abominable and unnatural pollutions“[73].

Der Begriff Homosexualität wurde erstmals Ende des 19. Jahrhunderts von Karl Maria Benkert oder Carl von Westphal (Konträrsexuelle) geprägt und bezeichnet die genitalen Handlungen zwischen zwei Personen gleichen Geschlechts.[74] Der vor dieser Zeit übliche Begriff der Sodomie umfaßte jede Art sexueller Handlungen, die nicht der Fortpflanzung dienten, so beispielsweise Oral- und Analsex. Das Geschlecht des oder der SexualpartnerIn war jedoch irrelevant. Sodomie wurde unabhängig vom Geschlecht seit dem 16. Jahrhundert sowohl kirchen- als auch strafrechtlich verfolgt. Seit dem 17. Jahrhundert wurde unter „echter Sodomie“ meist eine „Penetration mit Samenerguß“ verstanden, das heißt, Sodomie konnte sowohl männliche gleichgeschlechtliche als auch heterosexuelle Paare betreffen, in einigen europäischen Ländern nicht länger jedoch gleichgeschlechtliche Frauenbeziehungen. Die Entwicklung von einer negativen Bewertung hin zur Unsichtbarkeit lesbischer Beziehungen ist eng mit der expandierenden Macht des Christentums verbunden.

Der zweite bedeutende Transformationsprozeß fand mit der Medikalisierung der Homosexualität Ende des 19. Jahrhunderts statt. Der damals aufgekommene Begriff der Homosexualität ist weiterhin stark von christlichen Moralvorstellungen geprägt. Zuvor wurde die gleichgeschlechtliche Sexualität zwar als „unnatürlich“, jedoch nicht als „krankhaft“ und „pervers“ betrachtet. Die Pervertierung der Homosexualität hat wesentlich zu ihrer Ausgrenzung, wie sie in der westlichen europäischen Kultur vorzufinden ist, beigetragen. Die Tatsache, daß die lesbische Lebensweise zu diesem Zeitpunkt bereits in die Unsichtbarkeit gedrängt worden war, änderte nichts daran, daß Lesben zwar nicht notwendigerweise strafrechtlich kriminalisiert, jedoch aufgrund ihrer Lebensweise psychiatrisiert und verfolgt wurden. Als Beispiel kann die Biographie von Helene von Druskowitz herangezogen werden, die im Alter von 35 Jahren zwangsweise in das städtische Irrenhaus in Dresden eingeliefert wurde und bis zu ihrem Tod sechzehn Jahre später in psychiatrischen Anstalten verbrachte.[75] Ein zeitgemäßes und aktuelles Beispiel der Pathologisierung von Lesben bietet die Sendung „Mona Lisa" vom 29.8.1999: Das Thema lautete Transsexualität. In diesem Zusammenhang führte die Moderatorin ein Interview mit einer Therapeutin, wobei von ihr in einer Frage folgende Analogie hergestellt wurde: „Was aber tut man nun bei anderen Krankheiten wie Homosexualität?" Auch sprach die Moderatorin von „Krankheiten wie Homosexualität und Schizophrenie". Der von den Sexualwissenschaftlern Ende des 19. Jahrhunderts erschaffene Mythos von Homosexualität als Krankheit hält bis heute an, auch wenn aktuelle Kenntnisse aus der Medizin und anderen Wissenschaften diesen Ansatz widerlegen. Hat sich jedoch einmal ein derartiges Vorurteil etabliert, läßt es sich nur schwerlich auflösen.

Neueren Theorien zufolge kann angenommen werden, daß Sexualität – und damit auch Homosexualität – ein soziokulturelles Konstrukt darstellt, das seine Wurzeln nicht nur in christlich geprägten Moralvorstellungen hat, sondern auch in einer heteropatriarchalen Gesellschaftsordnung. Christliche Werte wurden Ende des 19. Jahrhunderts wissenschaftlich untermauert; durch die Medikalisierung und Pervertierung der Homosexualität stellte sich die Wissenschaft in den Dienst der Mächtigen und verstärkte bzw. bestätigte negative Bewertungsmuster.[76]

Der Blick auf die historische Genese der Marginalisierung von Lesben durch Unsichtbarkeit und Verfolgung verdeutlicht die gesellschaftliche Legitimation der heutigen Ausdrucksformen der Diskriminierung von Lesben und der Gewalt gegen sie. Da der Diskurs über Sexualität ebenfalls einen Diskurs über Macht darstellt, wird an diesem Punkt deutlich, daß über die Gewalt gegen Lesben gleichzeitig Macht, und zwar nicht nur auf einer individuellen Ebene, sondern auch auf einer gesellschaftlichen Ebene etabliert bzw. verfestigt wird.

Einerseits benötigt eine heteropatriarchale Gesellschaft Homosexualität, um sich abzugrenzen und Normalität definieren zu können, andererseits muß sie kontrolliert werden. Da Gewalt ein legitimes Mittel darstellt, eine bestehende soziale Ordnung zu sichern, ist diese Teil lesbischen Alltags geworden. Doch nicht nur lesbischen Alltags, denn letztlich können auch Frauen, die für lesbisch gehalten werden, Opfer lesbenfeindlicher Gewalt werden. Das läßt sich an dem Beispiel von Esther darstellen, die eine heterosexuelle, verheiratete Mutter mit einer Tochter ist.

> *Im September 1997 passierte mir folgendes: Ich war mit meiner Tochter und einer Freundin von mir von Frankfurt nach Wiesbaden unterwegs. Wir stiegen in den Zug ein und gingen in das Kinderwagenabteil. Dort saß ein junger Mann, der alkoholisiert wirkte und etwas aß. Ich trug damals eine Lederjacke und hatte kurze, punkige Haare. Als wir das Abteil betraten, beschimpfte mich dieser junge Mann sofort als Lesbe und äußerte sich sehr abfällig. Der Begriff „Lesbe" war eindeutig als Beschimpfung gedacht. Ich fragte ihn daraufhin, wie er denn darauf käme, daß ich eine Lesbe sein könne, aber bekam keine Antwort. Statt dessen meinte er, daß es mir nur einmal richtig „besorgt werden" müsse. Meine Freundin und ich gingen dann mit meinem Kind in ein anderes Abteil. Wären wir nicht gegangen, glaube ich, daß die Situation eskaliert wäre. Der Mann war sehr aggressiv, was ich darauf zurückführe, daß er mich als Lesbe kategorisiert hat, da es sonst keinen anderen Grund gab. Es war mein Aussehen, mein Auftreten, nichts anderes. Ich würde mein Auftreten als selbstbewußt beschreiben, der Gang aufrecht, nicht geduckt, einfach normal. In meinem Leben gab es vielleicht zwei weitere Situationen, in denen ich als Lesbe beschimpft worden bin, mit dem Ziel, mich abzuwerten.*

Die These, daß Homosexuellenfeindlichkeit systemimmanent ist und damit auch Frauen treffen kann, die nicht lesbisch sind, läßt sich auch anhand der in dieser Studie angesprochenen Erkennungsmerkmale von Lesben verfestigen: So gehören selbstbewußtes Auftreten und das vermeintliche Aussehen eindeutig zu den stereotypisierten Zuschreibungen einer Lesbe. Diese Zuschreibungen sind nicht ursächlich mit der lesbischen Lebensweise verknüpft, sondern stellen allgemeine frauenspezifische Rollenerwartungen in Frage.

Lesben bewegen sich in einem gesellschaftlichen Spannungsfeld, das einerseits Homosexualität benötigt, um Normalität zu definieren, und andererseits ein gesellschaftliches Gefüge in Frage stellt, welches Frauen einen bestimmten Platz in dieser Normalität zuordnet. Durch dieses Spannungsfeld kann Macht von bestimmten Interessengruppen, in diesem Fall Männern, etabliert und gefestigt werden. Auf dieser Grundlage erscheint der Vergleich mit frauenfeindlicher Gewalt nicht nur sinnvoll, sondern notwendig. In bezug auf spezifische Gewaltformen, die Macht und Herrschaft etablieren, lassen sich bestimmte Muster feststellen, die sowohl Lesben als auch andere Frauen betreffen. So wurde in dieser Studie festgestellt, daß psychische Gewalt viermal so häufig und sexualisierte Formen von Gewalt doppelt so häufig auftreten wie physische Formen. Psychische Gewalt umfaßt verbale Gewalt, die meist genutzt wird, um die lesbische Lebensweise herabzusetzen. Auch Frauen kennen verbale Herabsetzungen und Demütigungen, die sich oftmals in der Alltagssprache widerspiegeln. Frauenspezifisch ist auch die Sexualisierung von Gewalt, die Lesben ebenfalls in erhöhtem Maß erleben.

Die Bielefelder Studie verdeutlicht, daß in der Angriffssituation Lesben selten anders reagieren als viele Frauen, die mit frauenfeindlicher Gewalt konfrontiert sind: Sie schweigen, vermeiden, weichen aus und konfrontieren nur dann, wenn sie keine andere Möglichkeit sehen. Die Tatsache, daß Lesben nicht nur in einem lesbenfeindlichen Klima der Gewalt leben, sondern diese in hohem Maß auch direkt erleben, geht nicht spurlos an ihnen vorüber. Die Interviews verdeutlichen, daß einige Lesben ebenso wie heterosexuelle Frauen zu Strategien der Verleugnung und/oder Verdrängung neigen, um mit ihren Erlebnissen fertig zu werden. Eine große Anzahl von Lesben wiederum verarbeitet die Geschehnisse durch Verbalisierung, das heißt, sie erzählen ihren FreundInnen von den Ereignissen. Durch einen FreundInnenkreis, der ähnliche Lebenserfahrungen teilt und eine vergleichbare Perspektive einnimmt – dies ist vergleichbar mit dem Konstrukt der Subkultur –, haben sie sich einen Raum geschaffen, der es ihnen ermöglicht, in einem begrenzten Rahmen Übergriffe aufzuarbeiten. In einigen Fällen bedarf es jedoch der professionellen Hilfestrukturen durch beispielsweise Therapeutinnen und (angeleitete) Selbsthilfegruppen, um den Verarbeitungsprozeß zu begleiten. Nicht auszuschließen ist die Möglichkeit, daß lesbenfeindliche Gewalt bei einigen Lesben zu sogenannten posttraumatischen Belastungsstörungen wie zum Beispiel Alpträume, Depressionen, innere Unruhe usw. führt. Diese können in den seltensten Fällen ohne professionelle Hilfe aufgearbeitet werden. Die eingangs aufgestellte Vermutung, daß viele posttraumatische Belastungsstörungen nicht durch die Gewalttat alleine, sondern durch das unemphatische Verhalten der Umwelt entstehen, läßt sich am Beispiel des Umgangs mit der Polizei zwar noch nicht bestätigen, jedoch bestärken. Im Bereich der Gewalt im öffentlichen Raum durch Fremde zeigt sich ein relativ hohes Anzeigenverhalten. Doch wenige Lesben geben eine lesbenfeindliche Motivation an, und diejenigen, die dies taten, beklagten in hohem Maß das unemphatische Verhalten der diensthabenden PolizistInnen. Eine Teilnehmerin sagte deutlich, daß sie letztlich weitaus wütender auf die PolizistInnen als auf die Täter gewesen sei.

Die historische und gesellschaftliche Dimension der Gewalt gegen Lesben führt zu der Frage, warum diese Gesellschaft „soziale Minderheiten" benötigt. Es scheint, als ob durch Kategorisierungsprozesse wie beispielsweise in bezug auf Ausländer oder Homosexuelle nicht alleine „das andere" definiert wird, sondern vor allem „das Selbst". Dies bedeutet, daß mit einer Zuschreibung gleichzeitig definiert wird, was diejenige, die die Zuschreibung vornimmt, nicht hat oder haben will. Es erfolgt eine Bewertung, die Zuschreibung wird negativ besetzt und ermöglicht dadurch eine positive Bewertung der eigenen Position. Die Eigengruppe ist folglich immer besser als die Fremdgruppe. Eine Gemeinschaft baut sich durch ein Zusammengehörigkeitsgefühl, also eine Form von sozialer Identität, auf. Die soziale Identität, das kollektive Selbst, hat einen Einfluß auf den individuellen Selbstwert. Daher wird eine positive soziale Identität angestrebt, die allerdings durch Ausgrenzung und Abwertung erzeugt wird. Vorurteile und Stereotype sind sehr änderungsresistent. Ihre Stabilität entsteht durch selektive Wahrnehmung, selektive Informationssuche, ein selektives Gedächtnis und stereotypkonsistente Interpretation. Die Wahrnehmungspsychologie erklärt die Funktionsweise von

Ausgrenzung, jedoch nicht in ausreichendem Maß ihre gesellschaftliche Einbettung und Zielsetzung. Durch Ausgrenzung und Bewertung wird nicht nur eine soziale Identität geschaffen, sondern auch Macht etabliert. Mit der kollektiven Identität sind Privilegien verbunden, die der Fremdgruppe nicht zur Verfügung stehen. So entsteht neben der sozialen Identität ein Hierarchiesystem von Privilegien, das über den Zugang zu Ressourcen – und damit Macht – entscheidet. Dieser Mechanismus zur Etablierung von Macht findet sich nicht nur bei Sexismus und Homosexuellenfeindlichkeit, sondern ebenso bei Rassismus, Antisemitismus und anderen „Ismen“.

Die historische Dimension der Homosexuellenfeindlichkeit verdeutlicht die Notwendigkeit, bestehende Selbsthilfestrukturen zu fördern und zu stärken. Auch ist es notwendig, dem Mechanismus, soziale Minderheiten zu schaffen, etwas entgegenzusetzen. In staatlichen Anlaufstellen wie zum Beispiel Polizei, Staatsanwaltschaft, in den Versorgungsämtern (zuständig für die Opferentschädigung) und in professionellen Einrichtungen, die Beratung und Hilfe anbieten, sollte eine Sensibilisierung, das heißt Veränderung der selektiven Wahrnehmung erreicht werden, die es betroffenen Lesben ermöglicht, dort in einem angemessenen Rahmen Hilfe und Unterstützung einzuholen. Eine rechtliche Gleichstellung ist bei weitem nicht ausreichend, um den gesellschaftlich tief verwurzelten Vorurteilen und Mythen gegenüber Homosexualität entgegenzuwirken.

Die Aufnahme eines Antidiskriminierungsgebots zum Beispiel in das Grundgesetz Art. 3 Abs. 3 würde einen Rahmen schaffen, der Gewalt gegen Lesben und Schwule aktiv entgegenzutreten. Ein Antidiskrimierungsgesetz hat insofern symbolischen Charakter, da der Staat Position beziehen und Lesben und Schwule als festen Bestandteil der Gesellschaft ansehen würde, deren Rechte als schützenswert eingestuft werden. Durch eine Positionierung könnten Wege geöffnet werden. Da dadurch Vorurteile und Mythen jedoch noch lange nicht abgebaut werden, ist es notwendig, unter anderem in Schulen verstärkt Aufklärungsarbeit zu leisten, die es den Jugendlichen ermöglicht, ein differenziertes Bild über Lesben und Schwule zu erhalten. Weitere Aufklärungsarbeit im Sinne einer Öffentlichkeitsarbeit ist ebenso notwendig, um der tief verwurzelten Marginalisierung von Lesben entgegenzutreten.

Das Interview mit Daniela zeigt, daß gesellschaftlich vermittelte Werte und Beziehungsstrukturen auch vor lesbischen Beziehungen nicht Halt machen. Dies bedeutet, daß Lesben nicht zwangsläufig, weil sie sich am Rande dieser Gesellschaft bewegen, gesellschaftlichen Werten und Normen distanziert gegenüber stehen. Gesellschaftliche Diskriminierung einerseits und Lesben und andere Frauen als Täterinnen andererseits führen dazu, daß lesbische Opfer lesbischer Täterinnen verstärkt einer Tabuisierung unterliegen und weitaus weniger auf Hilfe und Unterstützung gerade auch im sozialen Nahraum zurückgreifen können. Ist der Täter ein fremder Mann, kommt die Solidargemeinschaft zum Tragen. Stammt die Täterin aus den eigenen Reihen, zerbricht diese Gemeinschaft oftmals. Das führt dazu, daß betroffene Opfer verstärkt in die Isolation gedrängt werden. Ein Aufbrechen dieser Strukturen kann nur dann erfolgen, wenn Lesben und andere Frauen die Möglichkeit einer Täterinnenschaft nicht völlig aus ihrem (politischen) Leben ausklammern, sondern als Lebensrealität akzeptieren. Auf dieser Basis ist es möglich, Beratungskonzepte und Hilfsangebote zu konzipieren, die das Thema der Gewalt unter Lesben und in lesbischen Beziehungen integrieren.

Um der Gewalt gegen Lesben langfristig etwas entgegenzusetzen, darf die Präventions- und Interventionsarbeit nicht nur auf individueller Ebene erfolgen, sondern benötigt einen gesellschaftlichen Rahmen. Die Kommunen, das Land und der Bund sind ebenso gefordert wie Lesben selbst. Es gilt, Selbsthilfestrukturen zu stärken, den Opfern von Gewalt angemessene Hilfe und Unterstützung anzubieten und eine gezielte Täterarbeit zu leisten.

Anmerkungen

1. Nach Aussage des Schwulenreferenten der Frankfurter Polizei, Herrn Kowalski.
2. Nach Aussage des ehemaligen Schwulenreferenten der Wiesbadener Polizei, Herrn Wagner.
3. Es wird generell von einer 95%igen Dunkelziffer ausgegangen.
4. Polizeiobermeisterin Adelinde Dworatzek, Tel.: 0611-302686.
5. Jens Dobler in der *Frankfurter Rundschau* vom 20.12.1999
6. Gregory M. Herek: „The „Us“ and „Them“ of Murder“, 1997/98; Webseite.
7. Rita Süssmuth in einem Gespräch mit der *Frankfurter Rundschau* vom 18.10.1999.
8. *Frankfurter Rundschau* vom 22.6.1998.
9. *Frankfurter Rundschau* vom 2.7.1998.
10. *Psychologie Heute*, Dezember 1998, S. 18.
11. *Frankfurter Rundschau* vom 13.2.1999.
12. „Das erste, was ein Polizist macht, wenn er weiß, daß eine Frau lesbisch ist, ist sie anzugreifen.“
13. Anna Daucíkovà: „Kunst, die Zeitschrift ASPEKT und Lesben in der Slowakischen Republik“. In: *Ihrsinn – eine radikalfeministische Lesebenzeitschrift*, 12/95, Lesben International, S. 108.
14. *Queer*, Juni 1999.
15. Vgl. hierzu die Studie von Jens Dobler, Niedersächsisches Sozialministerium, Hannover 1996.
16. Vgl. hierzu die Studie von Susanne Paul, Hannover 1992.
17. Diana van Oort: „(Sexuelle) Gewalt gegen Lesben und bisexuelle Frauen aller Altersgruppen“. In: *Dokumente lesbisch-schwuler Emanzipation*, Bd. 6, Berlin 1991, S. 31-51.
18. Lesbenberatung, Ort für Kommunikation, Kultur, Bildung und Information e.V.: *Dokumentation der Fragebogenauswertung Gewalt gegen Lesben in Berlin* 1996/1997, Berlin 1998.
19. Marlene Stein-Hilbers u.a.: *Gewalt gegen lesbische Frauen: Studie über Diskriminierungs- und Gewalterfahrungen*, Bielefeld, 1999.
20. Kleine Anfragen im März 1999, *Bundesanzeiger*, Drucksache 14/490 vom 4.3.1999; *Queer*, Mai 1999.

21. Als Vergleich kann die Studie von Jens Dobler zu Gewalt gegen Schwule herangezogen werden, bei der 8000 Fragebögen versendet wurden und 240 zurückkamen. Dies entspricht einer Rücklaufquote von 3 Prozent.
22. Es gibt viele Ursachen, warum das so ist. Der interessierten LeserIn seien an dieser Stelle neben Dewdneys Klassiker zwei weitere Bücher empfohlen: M. Wheeler: *Lies, Damn Lies, and Statistics: The Manipulation of Public Opinion in America*. Liveright 1976 und W. Krämer: *So lügt man mit Statistik*, Frankfurt/M. 1991.
23. Vgl. A.K. Dewdney: *200 Prozent von nichts – Die geheimen Tricks der Statistik und andere Schwindeleien mit Zahlen*, Basel 1994.
24. Lothar Sachs: *Statistische Methoden*, Berlin, Heidelberg 1993, 7. Auflage.
25. Führe ich z.B. eine Untersuchung zum Thema Kalorienverbrauch von Lesben durch, so ist unmittelbar einleuchtend, daß es nur wenige Lesben geben wird, die mehr als etwa 4000 Kalorien täglich zu sich nehmen, ebenso wie es nur wenige geben wird, die sehr viel weniger als 500 zu sich nehmen. Die meisten Lesben werden um die 2000 Kalorien zu sich nehmen, sind also um den Mittelwert verteilt. Der kritischen LeserIn sei jedoch zum Thema Norm bzw. Normalverteilung das zugegebenermaßen schwer verdauliche Werk von Jürgen Link: *Versuch über den Normalismus*, Opladen 1997 empfohlen.
26. Genauer gesagt sind es 1,96 Standardabweichungen.
27. Genauer: für eine binominalverteilte Gesamtheit angenähert durch eine Normalverteilung.
28. Vgl. Haseloff und Hoffmann: *Kleines Lehrbuch der Statistik*, Berlin 1970, S. 157. P ist dabei die Wahrscheinlichkeit eines Merkmals (hier: in Beziehung lebend), die sich aus der relativen Häufigkeit x/n ergibt, im vorliegenden Beispiel ist p=57/87=0,66.
29. Vgl. Sachs 1993, S. 115.
30. Vgl. hierzu Dewdney, Basel 1994.
31. Vgl. hierzu: Constance Ohms (Hg.): *Mehr als das Herz gebrochen – Gewalt in lesbischen Beziehungen*, Berlin 1993, S. 23-27.
32. Johann Galtung, 1975: „Gewalt liegt dann vor, wenn Menschen so beeinflußt werden, daß ihre aktuelle somatische und geistige Verwirklichung geringer ist als ihre potentielle Verwirklichung, das heißt, wenn das Potentielle größer ist als das Aktuelle und das Aktuelle vermeidbar."
33. Vgl. hierzu den Opferbegriff von Christina Thürmer-Rohr: „Ein Opfer ist nicht Opfer, weil es *passiv* ist, hilflos fremden Gewalten ausgeliefert oder determiniert durch widrige äußere Umstände, sondern weil es dargeboten wird, *um* mit seiner Gabe, dem eigenen *Leben*, für etwas einzustehen, für etwas zu zahlen und mit dieser Gabe nicht mehr sich selbst, sondern den anderen zu nutzen." In: Christina Thürmer-Rohr: *Mittäterschaft und Entdeckungslust*, Berlin 1990, S. 28.
34. Nach den im Methodenteil dargestellten statistischen Überlegungen ist bei n=87 das Konfidenzintervall 69% bis 87%. Das bedeutet, daß in 19 von 20 Fällen das Ergebnis in diesem Intervall liegt.
35. Konfidenzintervall : 70% £ p £ 89%, n=68.
36. Vgl. hierzu David Comstock: *Violence against Lesbians and Gay Men*, New York 1991.
37. Das sind 134 Fälle. Das Konfidenzintervall ist 58% bis 70%; n=212.

38. Das Konfidenzintervall ist 14% bis 24%; n=212.
39. Das Konfidenzintervall ist 89% bis 99%; n=84.
40. Gewichteter Mittelwert: (0,33x70) + (0,67 x 81) = 76,7%.
41. Comstock 1991, S. 36.
42. Das Konfidenzintervall bewegt sich zwischen 22% und 35%; n=212.
43. Das Konfidenzintervall liegt zwischen 11% und 18%; n=427.
44. Die Antwortmöglichkeiten waren im Vergleich zu anderen Studien sehr differenziert vorgegeben, vgl. Fragebogen.
45. Das Konfidenzintervall ist 0% bis 14%. n=61.
46. Vgl. Susanne Paul: „Gewalt gegen Frauen – Zum Problem der Gegenwehr bei Vergewaltigung und sexueller Nötigung". In: *Kriminalistik* 11/93, S. 721. Das Konfidenzintervall ist 5% bis 12%; n=286.
47. Das Konfidenzintervall ist 5% bis 40%; n=27.
48. Pauline Bart und Patricia O'Brien: *Stopping Rape: Successful Survival Strategies*, New York 1985.
49. Bezüglich Selbstverteidigungsstrategien sei das Buch von Sunny Graff: *„Mit mir nicht!"*, Berlin 1995 empfohlen.
50. Das Konfidenzintervall ist 56% bis 65%; n=427.
51. Das Konfidenzintervall ist 96% bis 100%; n=105.
52. Das Konfidenzintervall ist 92% bis 99%; n=125.
53. Das Konfidenzintervall der Frankfurter Studie ist 19% bis 35% bei n=125; das Konfidenzintervall der Berliner Studie ist 54% bis 75% bei n=84. Die Differenz der Standardabweichungen (p1-p2) beträgt 6,57%. Es ergibt sich keine Überlappung der Intervalle.
54. Vgl. *Frankfurter Rundschau* vom 17.2.1999, „Sexuelle Belästigung – Problem des Alltags".
55. Dies bedeutet, daß die weitere Datenbasis n=59 ist.
56. Das Konfidenzintervall ist 60% bis 83%, n=59.
57. Das Konfidenzintervall ist 6% bis 24%, n=59.
58. Das Konfidenzintervall ist 5% bis 22%, n=59.
59. Das Konfidenzintervall ist 0% bis 13%, n=50; im Vergleich mit der Frankfurter Studie liegt kein signifikanter Unterschied vor.
60. Dies ergibt einen Mittelwert von 2,4 Prozent, basierend auf n=716+247. Das Konfidenzintervall ist 1,4% bis 3,4%. Im Vergleich mit der Frankfurter Studie ergibt sich ein signifikanter Unterschied.
61. Vgl. hierzu Graff 1995.
62. Das Konfidenzintervall ist 47% bis 69%; n=77.
63. Das Konfidenzintervall ist 95% bis 99%; n=304. Da die Konfidenzintervalle keine Überschneidung aufweisen, bedeutet dies, daß zwischen meiner und der Berliner Studie ein signifikanter Unterschied besteht.
64. Das Konfidenzintervall ist 42% bis 62%; n=98.
65. Das Konfidenzintervall ist 74% bis 84%; n=297; p1-p2: 5,6%.
66. Das Konfidenzintervall meiner Untersuchung reicht von 43% bis 64% , n=76; das Konfidenzintervall der Berliner Studie ist 63% bis 82%, n=84. Im Vergleich ist eine Abweichung von 7,5% zulässig; das heißt, es ist keine Signifikanz gegeben.
67. Zitiert nach Graff 1995, S. 37 und 173.
68. Das Konfidenzintervall ist 17% bis 37%, n=74.
69. Das Konfidenzintervall ist 10,6% bis 23,5%, n=129.

70. Ohms 1993.
71. Als Beispiele seien hier Margaret Cavendishs Theaterstück, *The Covent of Pleasure* (1668), angeführt, in der sich einige Frauen in ein Kloster zurückziehen, um sich an „all the delights and pleasures that are allowable and lawful" zu erfreuen, und William King, der in *The Toast* (1732) die sexuelle Liebe unter Frauen erstmals als „lesbian loves" bezeichnete.
72. „Unübliche und unnatürliche Lust"
73. „Abscheuliche und unnatürliche Schändung"
74. Die meisten HistorikerInnen sind sich zwar über das Jahr des Auftauchens des Begriffs „Homosexualität" einig, nicht jedoch über dessen Verfasser. So gibt z.B. R. Davenport-Hines den Ungarn Karl Maria Benkert an, während Lillian Faderman Carl von Westphal nennt.
75. Siehe die biographische Übersicht von Hinrike Gronewold in: Helene von Druskowitz: *Der Mann als logische und sittliche Unmöglichkeit und als Fluch der Welt*, Freiburg 1988.
76. Nach Foucault gibt es einen engen Zusammenhang zwischen dem Diskurs über Sexualität und bestimmten Machtmechanismen.

Literatur

Bundesministerium für Frauenangelegenheiten: *Weil das alles weh tut mit Gewalt – Sexuelle Ausbeutung von Mädchen und Frauen mit Behinderung*, Wien 1996.

Comstock, David: *Violence against Lesbians and Gay Men*, New York 1991.

Degener, Theresia: „Das bundesdeutsche Strafrecht und die Frauenwürde". In: Bundestagsfraktion Bündnis 90/Die Grünen (Hg.): *Das Tabu im Tabu. Sexualisierte Gewalt gegen Frauen und Mädchen mit Behinderung*, Bonn 1996.

Dewdney, A.K.: *200 Prozent von Nichts – Die geheimen Tricks der Statistik und andere Schwindeleien mit Zahlen*, Basel 1994.

Dobler, Jens: *Antischwule Gewalt in Niedersachsen – Ausmaß, Delikte, Täter, Opfer, Maßnahmen*. Hg. vom Niedersächsischen Sozialministerium, Hannover 1993.

Ellermann, Rolf (Hg.): *Soziale Diskriminierung Homosexueller*. Tagung der Theodor-Heuss-Akademie vom 14.-16.6.1985. Friedrich Naumann Stiftung, Königswinter 1987.

EuroAS 3/1998, S. 25-28, „EuGH-Rechtsprechung: Diskriminierung aufgrund der sexuellen Orientierung".

Europäisches Parlament, Sitzungsdokumente: Bericht des Ausschusses für die Rechte der Frau: „Über die Empfehlung der Kommission zum Schutz der Würde von Frauen und Män-

nern am Arbeitsplatz (K(91) 1397 endg.), Berichterstatterin: Christine Crawley, DOC-DE/RR/117114.
Europäisches Parlament, Sitzungsdokumente: Bericht des Ausschusses für Grundfreiheiten und innere Angelegenheiten über die Gleichberechtigung von Schwulen und Lesben in der EG, Berichterstatterin: Claudia Roth, DOC-DE/RR/244267.
Europäische Kommission: Dokumentation Nr. 3 vom 9.7.1997, *Der Vertrag von Amsterdam – Ergebnisse, Erläuterungen, Vertragsentwurf*. Kapitel 1: „Grundrechte und Nichtdiskriminierung".
Galtung, Johann: *Strukturelle Gewalt*, Reinbeck bei Hamburg 1975.
Graff, Sunny: *Mit mir nicht! Selbstbehauptung und Selbstverteidigung im Alltag*, Berlin 1991.
Haselhoff und Hoffmann: *Kleines Lehrbuch der Statistik*, Berlin 1970.
Hessisches Ministerium für Frauen, Arbeit und Sozialordnung: *Ab jetzt wird alles anders! Lebenssituation und Alltagserfahrungen behinderter Frauen*, Wiesbaden 1997.
Ihrsinn – eine radikalfeministische Lesbenzeitschrift, 12/95, Lesben international, Bochum: 1995.
Kappeler, Susanne: *Der Wille zur Gewalt – Politik des persönlichen Verhaltens*, München 1994.
Krämer, W.: *So lügt man mit Statistik*, Frankfurt/M. 1991.
Lesbenberatung, Ort für Kommunikation, Kultur, Bildung und Information e.V. (Hg.): *Dokumentation der Fragebogenauswertung Gewalt gegen Lesben in Berlin 1996/1997*, Berlin 1998.
NJW 1998, Heft 14, S. 969-971, Europäische Gerichte.
Ohms, Constance: *Mehr als das Herz gebrochen – Gewalt in lesbischen Beziehungen*, Berlin 1993.
Ohms, Constance: „Grenzgängerinnen. Von der (Mit)Täterschaft weißer Lesben an Rassismus und Antisemitismus". In: Lahusen, Kathrin (Hg): *Never give up*, Wiesbaden 1993.
Ohms, Constance: Ein Fall für zwei: Cora und Elli. In: *Ihrsinn* 16/97, Bochum 1997.
Paul, Susanne: "Gewalt gegen Frauen – Zum Problem der Gegenwehr bei Vergewaltigung und sexueller Nötigung". In: *Kriminalistik* 11/93, S. 721-724.

Sachs, Lothar: *Statistische Methoden*, Berlin, Heidelberg 1993.
Senatsverwaltung für Schule, Jugend und Sport, FB gleichgeschlechtliche Lebensweisen (Hg.): *Sie liebt sie. Er liebt ihn – Eine Studie zur psychosozialen Situation junger Lesben, Schwuler und Bisexueller in Berlin*, Berlin 1999.
Senatsverwaltung für Schule, Jugend und Sport, Landeskommission Berlin gegen Gewalt: „Multikulturelle Gesellschaft und Lebensvielfalt – Antidiskriminierungsregelungen und Initiativen zur Gleichstellung von Minderheiten in den Bundesländern", Berlin 1998, S. 16-23.
Stein-Hilbers, Marlene u.a.: *Gewalt gegen lesbische Frauen – Studie über Diskriminierungs- und Gewalterfahrungen*, Bielefeld 1999.
Thürmer-Rohr, Christina: *Mittäterschaft und Entdeckungslust*, Berlin 1990.
Van Oort, Diana: „(Sexuelle) Gewalt gegen Lesben und bisexuelle Frauen aller Altersgruppen". In: Senatsverwaltung für Jugend und Familie: *Dokumente lesbisch-schwuler Emanzipation*, Bd. 6, Berlin 1991.
Wheeler, M: *Lies, Damn Lies, and Statistics: The Manipulation of Public Opinion in America*, Liveright, 1976.
Zemp, Aiha: „Ungleiche Machtverhältnisse ausgenutzt ... Sexuelle Ausbeutung von Frauen und Mädchen mit Behinderung". In: *Hessisches Fraueninfo* Nr. 20/93.

Der Fragebogen

Zunächst bitte ich Sie um einige Angaben zu Ihrem persönlichen Hintergrund.

1. Alter __________ Jahre

2. Ich bin das _____Kind von (mit mir) ______Geschwistern

3. Alter und Geschlecht der Geschwister
   Schwestern ____________________________
   Brüder ____________________________

4. Erreichter Schulabschluß:
   ☐ Kein Schulabschluß
   ☐ Abitur
   ☐ Fachhochschule
   ☐ Hauptschule
   ☐ Fachschule
   ☐ Universität
   ☐ Mittlere Reife
   ☐ Fachoberschule

5. Sie sind zur Zeit
   ☐ Berufstätig
   Berufsbezeichnung: ____________________________

   ☐ In Ausbildung
   Ausbildungsgang: ____________________________

   ☐ Arbeitslos

   Sonstiges: ____________________________

6. Welche Nationalität haben Sie?

____

7. Welche Hautfarbe haben Sie?

___

8. Wie würden Sie Ihr Sexualverhalten bzw. Lebensstil beschreiben?

☐ Lesbisch

☐ Bisexuell
mit lesbischer Präferenz

☐ Heterosexuell

☐ Bisexuell
mit heterosexueller Präferenz

☐ Lesbisch
mit ab und an heterosexuellem Sexualverkehr

9. Haben Sie Kinder?
☐ Ja
wenn ja, wieviele? ______________
Alter der Kinder: ______________

☐ Nein

10. Leben Sie derzeit in einer Beziehung?
☐ Ja
☐ Nein

11. Wenn Sie 10 mit „Ja" beantwortet haben, beantworten Sie bitte folgende Frage: Leben Sie mit Ihrer Lebensgefährtin/ Ihrem Lebensgefährten zusammen?
☐ Ja
☐ Nein

12. Sind Sie derzeit rechtskräftig verheiratet?
☐ Ja
☐ Nein

13. Wenn Sie Frage 12 mit „Ja“ beantwortet haben, beantworten Sie bitte folgende Frage: Ermöglichen Sie dadurch dem Ehepartner einen Aufenthalt in Deutschland?
☐ Ja
☐ Nein

14. Besitzen Sie eine Aufenthaltserlaubnis?
☐ Ja
☐ Nein
☐ Nicht notwendig

15. Sind Sie derzeit politisch aktiv?
☐ Ja
   ☐ In einer politischen Partei
   ☐ In einer Lesbengruppe
   ☐ In einer Gewerkschaft
   ☐ In einer Bürgerinitiative
   ☐ In einer Kirche/Glaubensgemeinschaft

☐ Nein

16. Wieviel EinwohnerInnen hat Ihr gegenwärtiger Wohnort?
☐ Weniger als 10.000
☐ 10.000 – 20.000
☐ 20.000 – 50.000
☐ 50.000 – 100.000
☐ über 100.000

17. In welchem Bundesland haben Sie ihren Erstwohnsitz?

____

18. Wie würden Sie sich mit fünf Begriffen beschreiben? (z.B. weiße, türkische, behinderte, christlich aufgewachsene Lesbe)

____

____

Der nun folgende Teil befaßt sich mit den Gewalterfahrungen von Lesben.

19. Wurden Sie Opfer einer oder mehrerer lesbenfeindlich motivierter Gewalttaten?
    - ☐ Ja
    - ☐ Nein

20. Wenn ja, woran haben Sie erkannt, daß diese Gewalttat lesbenfeindlich motiviert war?

    - ☐ Aufgrund einer Äußerung des Täters/der Täter
    - ☐ Aufgrund des Verhaltens oder anderer Hinweise des Täters/der Täter
    - ☐ Aufgrund Ihres Gefühls
    - ☐ Andere Möglichkeiten (welche?)

21. Wie oft waren Sie in den vergangenen fünf Jahren bereits Opfer einer lesbenfeindlich motivierten Gewalttat?

    - ☐ 1mal
    - ☐ 1 – 3mal
    - ☐ 4 – 6mal
    - ☐ 7 – 9mal
    - ☐ Mehr als 9mal

22. Welche Art der Gewalt haben Sie erlebt? (Mehrfachnennungen sind möglich)

    - ☐ Mit flacher Hand geschlagen
    - ☐ Mit der Faust geschlagen
    - ☐ Getreten
    - ☐ An den Haaren gezogen
    - ☐ Gebissen
    - ☐ Mit Zigaretten verbrannt
    - ☐ Gewürgt
    - ☐ Gestoßen
    - ☐ Geschubst

- ☐ Verfolgt
- ☐ Vandalismus betrieben
- ☐ Mit Gegenständen beworfen
- ☐ Gegenstände auf dem Körper zertrümmert
- ☐ Mit einer Feuerwaffe bedroht
- ☐ Mit einem Messer bedroht
- ☐ Mit dem Messer verletzt worden
- ☐ Mit einer anderen Waffe bedroht worden
- ☐ Mit einer anderen Waffe verletzt worden
- ☐ Die Kinder in Ihrer Gegenwart mißbraucht
- ☐ Die Kinder in Ihrer Gegenwart verletzt
- ☐ Sie in Gegenwart Ihrer Kinder mißhandelt
- ☐ Entzug von Schlaf
- ☐ Zu einer kriminellen Tat gezwungen
- ☐ Ihre Kleidung zerrissen oder zerschnitten
- ☐ Ihr Haustier gequält, verletzt, getötet
- ☐ Ausgeraubt
- ☐ Bespuckt
- ☐ Androhung von körperlicher Gewalt
- ☐ Demütigungen vor FreundInnen und Bekannten
- ☐ Telefonterror
- ☐ Zwang, in der Öffentlichkeit sexuelles Begehren gegenüber der TäterIn darzustellen
- ☐ Demütigungen vor Fremden
- ☐ Beleidigungen vor Freundinnen und Bekannten
- ☐ Beleidigungen vor Fremden
- ☐ Herabsetzen vor FreundInnen und Bekannten
- ☐ Herabsetzen vor Fremden
- ☐ Androhung, Sie zu „outen“
- ☐ Versuchte Erpressung
- ☐ Vollzogene Erpressung
- ☐ Witze über Ihre Charaktereigenschaften
- ☐ Witze über Ihre Lebensweise/Sexualität
- ☐ „Lesbe“ als Schimpfwort
- ☐ Infragestellen der Integrität
- ☐ Infragestellen beruflicher Kompetenz
- ☐ Infragestellen mütterlicher Kompetenz
- ☐ Zwang, gewalttätige Phantasien anhören zu müssen

- ☐ Abwertende Sprache
- ☐ Sexuelle Belästigung in Form von unerwünschter Anmache
- ☐ Unerwünschtes Anfassen
- ☐ Sexuell abfällige Anspielungen
- ☐ Forderung nach sexuellem "Entgegenkommen"
- ☐ Herabsetzung der Homosexualität
- ☐ Pornographische Darstellungen
- ☐ Berufliche Nachteile aufgrund des Bekanntwerdens der eigenen Homosexualität
- ☐ Exhibitionismus
- ☐ Zwang zu unerwünschten sexuellen Praktiken
- ☐ Herabsetzen der eigenen sexuellen Praktik
- ☐ Zwang, gewalttätige sexuelle Phantasien anhören zu müssen
- ☐ Vergewaltigung
- ☐ Sexuelle Nötigung (Finger/Gegenstände in die Vagina usw.)
- ☐ Sexueller Mißbrauch Ihrer Kinder
- ☐ Bewußtes Ausnutzen Ihrer Ängste (z.B. Spinnenphobie, Höhenangst usw.)

23. Bitte schreiben Sie andere Formen der Gewaltausübung auf, der Sie begegnet sind:

____

____

24. Wo fand die Gewaltausübung statt?

- ☐ Auf der Straße
- ☐ Außerhalb eines Frauenlokals
- ☐ Innerhalb eines Frauenlokals
- ☐ Außerhalb eines schwul-lesbischen Lokals
- ☐ Außerhalb eines von Homosexuellen frequentierten Lokals
- ☐ In einem heterosexuellen Lokal
- ☐ Auf einem lesbisch-schwulen Straßenfest

- ☐ In der Schule
- ☐ In einem Jugendzentrum/Mädchenzentrum
- ☐ Im Wohnumfeld
- ☐ Am Arbeitsplatz
- ☐ In öffentlichen Einrichtungen (z.B. Schwimmbad, Sauna usw.)
- ☐ Auf dem Wochenmarkt
- ☐ In der eigenen Wohnung
- ☐ In der Wohnung des Täters/der Täterin
- ☐ Auf dem Universitätsgelände
- ☐ Im Elternhaus
- ☐ Im Gefängnis
- ☐ In einer therapeutischen Einrichtung
- ☐ In einem öffentlichen Beförderungsmittel
- ☐ Im Gesundheitswesen (z.B. frauenärztliche Untersuchung)
- ☐ Sonstiges: ______________________________

25. Fand der Angriff an Ihrem Wohnort statt?
    - ☐ Ja
    - ☐ Nein

26. Fand der Angriff an einem Ort mit homosexueller Infrastruktur statt?
    - ☐ Ja
    - ☐ Nein

27. War eine medizinische Versorgung notwendig?
    - ☐ Notarzt
    - ☐ Nein
    - ☐ Ambulante Versorgung im Krankenhaus
    - ☐ Krankenhausaufenthalt
    - ☐ Hausarzt

28. Hatte der Übergriff medizinische Folgen?
    - ☐ Krankschreibung
    - ☐ Nein
    - ☐ Arbeitsunfähigkeit
    - ☐ Invalidität

29. Standen Sie unter Alkoholeinfluß?
- ☐ Nein
- ☐ Ja
- ☐ Leicht alkoholisiert
- ☐ Mittel alkoholisiert
- ☐ Stark alkoholisiert

30. Wurden andere Lesben aus Ihrem Umfeld Opfer einer lesbenfeindlich motivierten Gewalttat?
- ☐ Ja
- ☐ Nein

31. Wurden Sie Zeugin einer lesbenfeindlich motivierten Gewalttat?
- ☐ Ja
- ☐ Nein

32. Wie viele Personen waren Sie zu dem Zeitpunkt, an dem Sie angegriffen wurden?
- ☐ Alleine
- ☐ Zu zweit
- ☐ Zu dritt
- ☐ 3 – 5 Personen
- ☐ Mehr als 5 Personen

33. Waren Sie in Begleitung Ihrer Partnerin?
- ☐ Ja
- ☐ Nein

34. Geschlecht des/der TäterIn/der TäterInnen
- ☐ Männlich
- ☐ Weiblich

35. Anzahl der TäterInnen
- ☐ 1 TäterIn
- ☐ 2 – 4 TäterInnen
- ☐ 5 – 7 TäterInnen
- ☐ 8 – 10 TäterInnen
- ☐ Mehr als 10 TäterInnen

36. Alter des Täters/der Täterin
- ☐ Unter 21 Jahre
- ☐ 22 – 28 Jahre
- ☐ 29 – 36 Jahre
- ☐ 37 – 43 Jahre
- ☐ 44 – 50 Jahre
- ☐ Über 50 Jahre

37. Anhand welcher Kriterien hat Ihrer Meinung nach der Täter/die Täterin Ihre lesbische Identität vermutet?
- ☐ Er/sie wußte(n) davon
- ☐ Hörensagen
- ☐ Austausch von Nähe/Intimität mit einer anderen Frau
- ☐ Sichtbare Merkmale (Buttons, Regenbogenaufkleber usw.)
- ☐ Vermeintliches Aussehen
- ☐ Selbstbewußtes Auftreten
- ☐ Kleidung
- ☐ Unverheiratet
- ☐ Gemeinsame Wohnung mit der Partnerin
- ☐ Andere: ______________________________

38. Bekanntschaftsgrad zum Täter/zur Täterin:
- ☐ Derzeitige Lebensgefährtin
- ☐ ArbeitskollegIn
- ☐ Ehemalige Lebensgefährtin
- ☐ Vorgesetze/r
- ☐ Ehemaliger Ehemann
- ☐ Kunde/Kundin
- ☐ Freundeskreis
- ☐ TherapeutIn
- ☐ Bekanntenkreis
- ☐ Arzt/Ärztin
- ☐ Nachbarn/Wohnumfeld
- ☐ Verwandte/r
- ☐ Familie
- ☐ Unbekannte/r
- ☐ Andere: ______________________________

39. Vermuteter ethnischer Hintergrund des/der TäterIn:
- ☐ Deutsch
- ☐ Nordamerikanisch
- ☐ Nordeuropäisch
- ☐ Mittelamerikanisch
- ☐ Osteuropäisch
- ☐ Südamerikanisch
- ☐ Südeuropäisch
- ☐ Südostasiatisch
- ☐ Westeuropäisch
- ☐ Zentralasiatisch
- ☐ Nordafrikanisch
- ☐ Andere Länder
- ☐ Mittelafrikanisch
- ☐ Südafrikanisch

40. Stand(en) der Täter/die TäterInnen Ihrer Meinung nach unter Alkoholeinfluß?
- ☐ Nein
- ☐ Ja
- ☐ Leicht alkoholisiert
- ☐ Mittel alkoholisiert
- ☐ Stark alkoholisiert

41. Haben Sie den Vorfall/die Vorfälle der Polizei gemeldet?
- ☐ Ja
- ☐ Nein

42. Haben Sie gegenüber der Polizei erklärt, daß der Angriff vermutlich auf Ihre lesbische Lebensweise zurückzuführen ist?
- ☐ Ja
- ☐ Nein

43. Wenn ja, wurde der Vorfall unter „lesbenfeindlicher Gewalt" aufgenommen?
- ☐ Ja
- ☐ Nein

44. Hat die Polizei unterstützend reagiert?
- ☐ Ja
- ☐ Nein

45. Wurde eine Polizistin zur Protokollaufnahme herangezogen?
- ☐ Ja
- ☐ Nein

46. Haben Sie versucht, Hilfe über den Frauennotruf oder eine ähnliche Einrichtung zu erhalten?
- ☐ Frauennotruf
- ☐ Fem. Gesundheitszentrum
- ☐ Lesbische Informationszentrale
- ☐ Andere frauenspezifische Einrichtung
- ☐ Telefonseelsorge
- ☐ Caritas
- ☐ Nein

47. Welche anderen Schritte haben Sie nach der Gewalttat unternommen, um mit dem Erlebnis fertig zu werden? (Mehrfachnennung möglich)
- ☐ Keine
- ☐ Freundinnen erzählt
- ☐ Freunden erzählt
- ☐ Selbstverteidigungskurs
- ☐ Therapie
- ☐ Selbsthilfegruppe

48. Haben Sie versucht, in einem Frauenhaus Schutz zu finden?
- ☐ Ja
- ☐ Nein

49. Wenn ja, haben Sie dort gesagt, daß Sie lesbisch sind?
- ☐ Ja
- ☐ Nein

50. Wenn Sie 49 mit „Ja“ beantwortet haben, beantworten Sie bitte folgende Frage: Wie haben die Mitarbeiterinnen des Frauenhauses auf Ihr Lesbischsein reagiert?
- ☐ Ablehnend
- ☐ Gleichgültig
- ☐ Unterstützend

51. Beschreiben Sie kurz das Verhalten der Frauenhausmitarbeiterinnen.

____

____

____

52. Wurde in den Hausversammlungen das Thema „Homosexualität“ angesprochen?
- ☐ Ja
- ☐ Nein

53. Wurden andere Maßnahmen ergriffen, um ein lesbenfreundliches Klima zu schaffen?
- ☐ Nein
- ☐ Ja

54. Wenn ja, welche?

____

____

____

55. Leiden Sie unter einem oder mehreren der folgenden Symptome?
- ☐ Schlaflosigkeit
- ☐ Alpträume
- ☐ Depressionen
- ☐ Innerer Unruhe
- ☐ Allgemeinen Angstzuständen
- ☐ Angst, auf die Straße zu gehen

- ☐ Angst, in den „Sub“ zu gehen
- ☐ Angst, Intimitäten mit Ihrer Partnerin im öffentlichen Raum auszutauschen
- ☐ Angst vor Intimität
- ☐ Keine
- ☐ Andere: ____________________

56. Sehen Sie das Auftauchen der genannten Symptome in Zusammenhang mit Ihrer Gewalterfahrung?
    - ☐ Ja
    - ☐ Nein

57. Hat sich nach der Gewalttat Ihr Sexualleben verändert?
    - ☐ Ja
    - ☐ Nein

58. Sind Sie seit der Tat an den Ort des Geschehens zurückgekehrt?
    - ☐ Ja
    - ☐ Nein

59. Haben Sie aufgrund des Vorfalls Ihre lesbische Lebensweise aufgegeben?
    - ☐ Ja
    - ☐ Nein

60. Leben Sie seit dem Vorfall versteckter als zuvor?
    - ☐ Ja
    - ☐ Nein

61. Haben Sie aufgrund des Vorfalls versucht, Ihrem Leben ein Ende zu bereiten?
    - ☐ Ja
    - ☐ Nein

62. Glauben Sie, den Vorfall in irgendeiner Weise selbst verursacht zu haben?
    - ☐ Ja
    - ☐ Nein

63. Waren Sie wütend?

☐ Ja
☐ Nein

64. Haben Sie sich gedemütigt gefühlt?

☐ Ja
☐ Nein

65. Haben Sie sich herabgesetzt gefühlt?

☐ Ja
☐ Nein

66. Hat sich seit dem Vorfall Ihr Eßverhalten verändert?

☐ Ja
☐ Nein

67. Müssen Sie sich seit dem Vorfall regelmäßig nach dem Essen übergeben?

☐ Ja
☐ Nein

68. Haben Sie sich schuldig gefühlt?

☐ Ja
☐ Nein

69. Haben Sie sich in therapeutische Behandlung begeben?

☐ Ja
☐ Nein

70. Wenn ja, welche Form der Therapie wurde angewendet?

____

71. Wie lange dauert(e) die Therapie?

☐ 1 Jahr
☐ 1 – 2 Jahre
☐ 3 – 4 Jahre
☐ Länger als 4 Jahre

72. Wie hat Ihr FreundInnenkreis auf Ihre Gewalterfahrung reagiert? (Mehrfachnennung möglich)
- ☐ Überhaupt nicht
- ☐ Fühlten sich selbst ohnmächtig
- ☐ Haben Sie emotional unterstützt
- ☐ Haben Sie materiell unterstützt
- ☐ Waren wütend
- ☐ Andere: ______________________________

73. Haben Ihre FreundInnen ihr Verhalten, z.B. öffentliches Auftreten, aufgrund dessen verändert?
- ☐ Ja
- ☐ Nein

74. Wenn ja, in welcher Form?

____

____

75. Haben Sie die Unterstützung durch Ihre FreundInnen als ausreichend empfunden?
- ☐ Ja
- ☐ Nein

76. Wenn nein, welche Form der Unterstützung hätten Sie sich von Ihren FreundInnen erhofft?

____

____

____

77. Wissen Ihre ArbeitskollegInnen von Ihrer lesbischen Lebensweise?
- ☐ Nein
- ☐ Ja
- ☐ Vorgesetzte/r
- ☐ Direkte MitarbeiterInnen
- ☐ Die meisten der KollegInnen

78. Wissen Ihre Arbeitskollegen von dem Vorfall?
- ☐ Ja
- ☐ Nein

79. Hat sich Ihr Verhalten gegenüber Ihren Arbeitskollegen und -kolleginnen verändert?
- ☐ Ja
- ☐ Nein

80. Haben Sie seit dem Erlebnis Schwierigkeiten an Ihrem Arbeitsplatz?
- ☐ Nein
- ☐ Ja
- ☐ Angst, an den Arbeitsplatz zurückzukehren (wenn nicht identisch mit Tatort)
- ☐ Unkonzentriert
- ☐ Schnelle Ermüdung
- ☐ Verminderte Arbeitsfähigkeit
- ☐ Andere: ______________________________

81. Hat sich seit dem Offenkundigwerden Ihrer Gewalterfahrung das Verhalten Ihrer ArbeitskollegInnen Ihnen gegenüber geändert?
- ☐ Ja
- ☐ Nein

82. Haben Sie aufgrund weiterer Attribute Ihrer Person bereits Erfahrungen mit Gewalt gemacht?
- ☐ Nein
- ☐ Ja
- ☐ Frau
- ☐ Migrantin
- ☐ Schwarze
- ☐ Behinderung
- ☐ Zugehörigkeit zu einer Glaubensgemeinschaft
  - ☐ Islam
  - ☐ Judentum
  - ☐ Andere Religion

☐ Körpergewicht
☐ Alter
☐ Andere Attribute: ______________________

83. Wie häufig sind Sie innerhalb der letzten fünf Jahre Opfer von körperlicher und/oder seelischer Gewalttaten aufgrund der in Frage 82 aufgeführten Attribute geworden?
☐ 1mal
☐ Kein mal
☐ 1 – 3mal
☐ 4 – 6mal
☐ 7 – 9mal
☐ Mehr als 9mal
☐ Mehr als 20mal
☐ Noch häufiger

84. Wurden Sie als „Lesbe" beschimpft, um Sie als Frau herabzusetzen?
☐ Ja
☐ Nein

85. Wurde Ihnen schon einmal unterstellt, Sie seien lesbisch, um Sie herabzusetzen?
☐ Ja
☐ Nein

86. Deckt Ihrer Meinung nach der Fragebogen alle Bereiche ab?
☐ Ja
☐ Nein

87. Möchten Sie dem Fragebogen noch etwas Persönliches hinzufügen?

____
____
____
____
____

Danksagung

Ich möchte mich vor allem bei denjenigen bedanken, die sich die Mühe machten, den Fragebogen auszufüllen. Ohne ihre Mithilfe hätte die Studie nicht durchgeführt werden können. Einige der Teilnehmerinnen hatten sich bereiterklärt, tiefergehende Interviews zu führen. Dieser Entschluß hat meinen größten Respekt.

Des weiteren möchte ich mich bei den Leiterinnen zweier hessischer Frauenreferate, Renate Krauß-Pötz aus Frankfurt und Christa Winter aus Marburg, für ihre nicht unerhebliche finanzielle Unterstützung bedanken. Darüber hinaus wurde diese Studie von der Homosexuellen Selbsthilfe e.V. gefördert. Mein Dank gilt auch ihnen.

An der Erstellung der Studie war Dipl.-Psych. Claudia Gutmann von der Lesben-Informations- und Beratungsstelle in Frankfurt beteiligt. Sie führte die nicht immer einfachen Interviews mit mir durch. Die statistischen Grundlagen lieferte Dipl.-Phys. Katrin Suder, die eine leidenschaftliche Anhängerin von Zahlen ist und meine Studie auf Herz und Nieren prüfte.

Danke, Anke!

Die Autorinnen

Constance Ohms, M.A.
1961 in München geboren und seit fast zwanzig Jahren in Frankfurt/M. lebend. Sie ist über die Frauenbewegung zur Lesbenbewegung gekommen und seit Anfang der neunziger Jahre in der Anti-Gewalt-Arbeit aktiv. Zu ihrem Angebot gehören Anti-Rassismus-Workshops, Selbstverteidigungskurse für Lesben und andere Frauen, Kurse zu sexueller Belästigung am Arbeitsplatz und Prävention von sexuellem Mißbrauch für Kinder im Grundschulalter. Sie hält Vorträge zu verschiedenen Lesbenthemen wie zum Beispiel „Gewalt in lesbischen Beziehungen" und die „Lebenssituation von Lesben in Europa".

Zur Zeit ist sie Beraterin für das Referat „Lesben und Schwule" beim Hessischen Sozialministerium, und in der Lesben-Informations- und Beratungsstelle Frankfurt Leiterin eines von der Europäischen Union finanzierten Projekts zur Entwicklung eines Präventions- und Interventionskonzepts zu Gewalt gegen Lesben. Sie koordiniert ehrenamtlich das Netzwerk hessischer Lesbeninitiativen, Hessisch Lesbisch, und engagiert sich sowohl in der Landes- als auch Kommunalpolitik.

Martina Puschke
Mit einer Körperbehinderung 1967 geboren, lebt sie in Kassel, arbeitet dort im Zentrum für selbstbestimmtes Leben Behinderter und ist nebenbei als Referentin für die Lebenssituation von Lesben mit Behinderungen tätig. Darüber hinaus ist sie im Vorstand des Weibernetz e.V., dem Bundesnetzwerk von FrauenLesben und Mädchen mit Beeinträchtigung. Sie arbeitet in der AG „Sexuelle Gewalt" des Hessischen Netzwerks behinderter Frauen mit und ist Mitfrau im Krüppellesbennetzwerk.

Wir machen
aus Lust und Liebe
Politik!